Buch:

Ob Sie es glauben wollen oder nicht: Sie sind es, der die Welt erschafft. Sie sind nicht hilflos oder gar ein Opfer.Wichtig ist, wie Sie auf die Ereignisse reagieren, denn Sie haben die Wahl.

Schritt für Schritt zeigt Isha Judd, dass wir uns angesichts globaler un persönlicher Krisen und Veränderungen nicht als hilfloses Opfer fühlen müssen. Sondern wie wir einen Weg gehen können, der unser Denken, unser Fühlen, unseren Alltag von Grund auf verwandelt: den Weg der Liebe.

Zahllose Menschen sind diesen Weg mit Isha Judd schon gegangen, Atheisten und religiöse Menschen, Politiker und Kinder, Gefängnisinsassen, ganz „normale" Leute. Diesen Weg kann jeder gehen – unter einer Bedingung: Wir müssen zuerst all unsere Glaubenssätze loslassen, die sie behindern: die Intelligenz der Liebe.

Autorin:

Isha Judd, Australierin, lebt und lehrt seit 2000 in Südamerika, wo sie in Mexiko und Uruguay zwei spirituelle Zentren gründete, die sie „Heilorte des Bewusstseins" nennt. Ihr internationales Netzwerk „Isha Education for Peace" hat das Ziel, die Unterprivilegierten aus allen Bevölkerungsschichten zu unterstützen und arbeitet mit Kindern, Politikern, Gefangenen und Behinderten. Die Universität von Cuernavaca, Mexiko, ehrte sie mit dem Titel „Weltbürgerin". Der Argentinische Senat ernannte sie zur „Botschafterin des Friedens". Dieses ist ihr zweites Buch.

Isha Judd

Die Intelligenz der Liebe

Was die Liebe behindert,
was sie entfesselt, wie sie das Leben
tief verwandelt

©2012 Isha Judd: Love has Wings

© 2012 Erstausgabe New World Library, USA

© 2012 Reichel Verlag

Reifenberg 85, 91365 Weilersbach
Tel. 09194-8900, Fax 09194-8900
E-Mail: info@reichel-verlag.de
Internet: www.reichel-verlag.de

Covergestaltung: Christian Wolf
Bildnachweis: Helgi/photocase.com

ISBN 978-3-941435-24-7

Danksagung

Zu allererst möchte ich mich bei Arthur und Annie dafür bedanken, dass sie meine Ausführungen angenommen und
mir dabei geholfen haben, sie in schriftlicher Form darzu-legen.
Und ich möchte mich bei meinen wundervollen Lehrern und
Studenten bedanken, die mich und die Menschheit immer wieder dadurch inspirieren, dass sie sich zu einer persönlichen Weiterentwicklung verpflichtet fühlen.
Ich danke Care2.com und Huffington Post dafür, dass sie meine
Arbeit unterstützt haben, und denen, die einige meiner Ausführungen bereits vielfach in ganz Lateinamerika veröffentlicht
haben. Natürlich bin ich auch Marc Allen und der New World
Library dankbar, weil sie mich fortwährend unterstützt haben,
und Kristen Cashman, die diesen Text vorsichtig aufpoliert hat.
Und - last but not least - wer kann schon Ihre Majestät Königin
Elizabeth III vergessen (ihr informeller Titel ist "Betchie, die
Bulldogge") - ich danke ihr für ihre ständige Inspiration und
ihre erfreuliche Anwesenheit.

Inhalt

Einführung

DIE GRUNDLAGEN FÜR DAS BEWUSSTSEIN VON LIEBE

In Zeiten wirtschaftlicher Unsicherheiten und globaler Veränderungen zerfallen Strukturen und lassen uns mit Gefühlen von Verletzlichkeit und Unsicherheit zurück. Wir fühlen uns angesichts unkontrollierbarer Ereignisse klein und hilflos: Immer stärker entsteht der Eindruck, wir seien Opfer. Aber was wäre, wenn wir tatsächlich eine Veränderung dadurch herbeiführen könnten, dass wir unsere Perspektive wechseln? Was wäre, wenn wir uns das Leben leichter und spielerischer vorstellen könnten? Ich glaube, dass in unserem derzeitigen Unruhezustand die Menschheit eine Chance hat, eine neue Bewusstseinsebene zu erreichen, die ich das Bewusstsein von Liebe nenne. Dieses Buch zeigt Ihnen, wie Sie in Ihrem eigenen Leben den Zustand dauerhaften Friedens und Gelassenheit erreichen.

Ich will Ihnen in diesem Buch zeigen, dass nicht alle Dinge so schlecht sind, ja, dass ich erkennen konnte, dass sie eigentlich eher noch viel phantastischer und wundervoller sind, als wir sie uns jemals erträumt hätten. Wir sollten langsam aufhören, uns Sorgen zu machen und damit anfangen, eine Welt zu erschaffen, in der es sich lohnt, zu leben - und Sie müssen den Anfang machen. Ja, Sie! Denken Sie nicht, der Zustand dieser Welt wäre die Sache von irgendjemand anderem: Es liegt einzig und allein bei Ihnen! Denn ob Sie es glauben oder nicht, Sie sind derjenige, der diese Welt erschafft.

Sie haben zu jedem Zeitpunkt die Wahl. Sie können Angst wählen, Sie können aber auch die Liebe wählen. Sie können sich ihr anvertrauen oder gegen sie ankämpfen. Dieses Buch soll Sie in die Lage versetzen, die Liebe zu wählen und sich ihr freudig hinzugeben.

ANSICHTSWECHSEL

Der gängigen Volksmeinung nach sollen wir ständig etwas verändern: unser Zuhause, unsere Garderobe, unser Aussehen und unseren Körperumfang, und zwar so häufig, wie wir unsere Unterwäsche wechseln. In Anbetracht dieser Tatsache ist es erstaunlich, wie resistent wir gegen einen inneren Wandel sind. Es ist jedoch an der Zeit für einen Ansichtswechsel! In unseren Seelen tragen wir noch immer ein riesiges Sammelsurium an abgetragenem, altem Mist mit uns herum: unterbewusste Ideen und Meinungen, die schon länger aus der Mode sind als Knickerbocker und Pudelmützen. Es ist so, als wäre unser Verstand in der heruntergekommenen Bequemlichkeit eines kitschigen alten Sofas abhanden gekommen. Das Sofa ist ausgefranst, mit Staub bedeckt und hat Flecken, gelegentlich birgt es einen Floh, in den Spalten stecken Krümel und die Stücke abgerissener Kaugummis, aber es ist vertraut. Obwohl es auseinanderfällt und dringend ersetzt werden sollte, haben wir uns daran gewöhnt. Wir haben schon so lange in ihm gesessen, dass wir nicht einmal mehr seinen seltsamen Geruch bemerken.

Denken Sie nicht auch, dass es an der Zeit wäre, zu renovieren? Wie wäre es denn, wenn wir diese alte Couch auf den Müll werfen und neu anfangen? Das Bekannte mag ja bequem sein, aber wenn Sie in dem hängenbleiben, was Sie bereits kennen, werden Sie nie Ihr wirkliches Potenzial erkennen. Trägheit macht keinen Spaß: Sie führt letztlich zu Unzufriedenheit. Wie wäre es, wenn das Leben wieder leicht wäre, unschuldig, voller Freude und wenn wir das Glück feiern könnten, das in jedem Augenblick liegt? Was wäre, wenn unser Leben nicht länger ein Drama oder eine Tragödie wäre, sondern aufregend und abenteuerlich — statt einem angstbesetztem Film Noir eine unbeschwerte, romantische Komödie, in der Sie schließlich feststellen, dass Ihre einzig wahre Liebe die ganze Zeit Sie selbst waren?

Wer Sie in der Zukunft sein werden, hängt davon ab, wer Sie jetzt sind. Wie Sie das werten, was Ihnen täglich passiert, bestimmt Ihre Entwicklung und Entwicklung ist Glück. Fragen Sie sich: *Liebe ich mich? Werde ich zu der Person, von der mein Herz sich sehnsüchtig wünscht, dass ich sie bin? Werde ich immer mehr zur Liebe?* Solange Sie auf etwas warten, sei es auf ein Wunder oder eine Katastrophe, lehnen Sie die Möglichkeit ab, im Hier und Jetzt neue Entscheidungen zu treffen und sich und die Welt zu verwandeln.

Wenn Sie sich nun mit mir auf diese aufregende und berauschende Reise begeben, liebe Leserin und lieber Leser, auf die große Suche in den tiefsten Tiefen Ihres Seins, gibt es etwas, um das ich Sie bitte. Anstatt auf zukünftige Erfolge zu warten, definieren Sie bitte, wer Sie in diesem Moment sein wollen. Das ist der Unterschied zwischen einem Opfer und einem Schöpfer. Ein Schöpfer bestimmt, was er werden will, während ein Opfer wartet und schaut, was sich ergibt. Jeden Moment, den Sie mit Gedanken an die Zukunft verschwenden, kostet Sie die Energie, die Sie dazu verwenden können, jetzt Ihre Realität zu verwandeln.

LEER IST DAS NEUE VOLL

Ein japanischer Zenmeister bekam einmal Besuch von einem Universitätsprofessor, der ihn über Zen befragen wollte.

Der Meister servierte Tee. Die Japanische Teezermonie ist lang und kompliziert, und der Wissenschaftler wurde immer ungeduldiger, während der Zenmeister in aller Seelenruhe die vierundfünfzig Schritte der Zeremonie absolvierte. Als der Tee fertig war, goß er ihn in die Tasse seines Besuchers. Als die Tasse voll war, goß er noch weiter Tee hinein.

Natürlich lief die Tasse über. Der Professor konnte sich nicht länger zurückhalten: "Die Tasse ist bereits voll, da geht nichts mehr hinein!"

"So wie diese Tasse", sagte der Meister, "so voll sind Sie mit Ihren eigenen Meinungen und Ansichten. Wie kann ich Sie unterrichten, wenn Sie Ihre Tasse noch nicht geleert haben?"

In der heutigen Zeit gilt die Lehrmeinung, dass wir Vollendung finden, wenn wir Dinge anhäufen wie Ansichten, Besitztümer, Wissen und Erfahrung. Aber in Wahrheit kommt das wirkliche, pulsierende Leben zu uns, wenn wir leer sind.

Während wir in jedem wachen Moment so viel wie möglich büffeln, befinden sich unsere Sinne in einem endlosen Kanonenfeuer aus Stimulation und Ablenkung und wir begraben dabei den größten Schatz, den es gibt: uns selbst. Ganz tief unten, unter allen Ansichten, Vorlieben, Meinungen, Ängsten und Erinnerungen ist unser wahres, ewiges Wesen — das ich das Bewusstsein von Liebe nenne. Es war immer da und wird immer dort sein. Es ist das, was wir im Grunde sind, aber wir haben es aus dem Auge verloren. Es wurde von all dem "Zeugs" verdeckt, das wir so schätzen. Nur wenn wir uns davon befreien, können wir unseren kostbarsten Schatz in uns wiederfinden. Leere ist voll von dem, was wir im tiefsten Grunde wollen und brauchen.

Wir hängen an Strukturen, die uns vertraut sind, denn wir denken, dass sie definieren, wer wir sind. Selbst wenn sie uns unglücklich machen, scheint die Alternative noch weniger wünschenswert zu sein: Unsere Angst vor Veränderung ist letztlich die Angst, unsere Identität zu verlieren. Denn wer wären wir ohne unsere Glaubenssätze, politischen Einstellungen, Vorlieben und, tatsächlich, unseren Persönlichkeiten? Diese Ansichten über die Welt und unseren Platz darin geben uns ein Gefühl von Sicherheit. Wir wissen, wo wir stehen und wir wissen, in welcher Position wir in Bezug auf alles andere und jeden anderen stehen. Aber hat diese Illusion von Sicherheit uns bislang Glück gebracht? Für die überwältigende Mehrheit von uns, die wir in der modernen westlichen Welt leben, lautet die Antwort "Nein".

Wenn wir also eine neue Ansicht auf dieses Leben gewinnen wollen, müssen wir auch gewillt sein, unsere alten Ansichten und Vorstellungen über Bord zu werfen. Anstatt uns an ihnen festzuhalten — uns gegen Veränderungen zu wehren und dabei starr und unbeweglich zu bleiben — müssen wir uns öffnen, um Neues aufnehmen zu können. Wir müssen bereit sein, uns zu entwickeln. Das Bewusstsein von Liebe entsteht durch Entwicklung. Und was treibt die Entwicklung voran? Veränderung. Es gibt kein Wachstum und kein Leben ohne Veränderung. Starre — der Widerstand oder das Fehlen jeglicher Veränderung — ist Tod. Um zu überleben, muss man sich dem Leben anpassen: Wenn wir weiterkommen wollen, müssen wir bereit sein, uns zu verändern und das Alte hinter uns lassen.

Die Geschichte zeigt, dass Größe immer mit dem Bruch der alten Vorstellungen einherging. Jesus brach mit der Tradition ebenso wie Buddha. Wenn wir uns weiterentwickeln, stellen sich Meinungen und Urteile, die wir einst einmal fraglos akzeptiert haben, als veraltet und bedeutungslos heraus. Es ist Zeit, uns von all dem zu befreien, woran wir hängen und die Ideen und Meinungen aufzugeben, die unser Bewusstsein ausgefüllt haben.

Es ist so befreiend, leer zu sein! Keine Meinungen, Ideen, Grenzen, Widerstände haben. Zum Universum "Ja" sagen, "Ja" zur gesamten Schöpfung als einem Ort der Freude. Das kann, wer das Leben umarmt, ohne sich ständig einzumischen, wer sich fallen läßt in alles, was ist und sich in unsere gegenwärtige Realität verliebt. Das ist die wahre Liebe — die Liebe eines Einzelnen zum Leben selbst, für sich selbst, aus Freude am Sein.

Das Bewusstsein entwickelt sich. Ohne Veränderung gibt es keine Entwicklung.

Deshalb werden Sie in diesem Buch eher etwas verlernen, anstatt etwas zu lernen. Im ersten Teil werde ich Sie mit den häufigsten allgemein akzeptierten Illusionen konfrontieren, mit den meisten Lügen, die wir als gemeinsame Realität anerkannt haben, die aber mit Angst belastet sind und einschränken. Ein paar dieser Illusionen haben die gleichen Wurzeln und so überschneiden sich manche. Möglicherweise stellen Sie fest, dass Sie sich mit der einen mehr identifizieren können als mit der anderen, oder dass die eine für Ihr Leben zutreffender ist als die andere, daher schließe ich deren unterschiedlichen Wiederholungen mit ein, damit Sie die vielen Variationen erkennen können, in denen sie sich manifestieren.

Der Rest des Buches stellt einige der Probleme des täglichen Lebens dar, die von den genannten Illusionen erschaffen werden. Im zweiten Teil betrachten wir, wie diese Illusionen unsere zwischenmenschlichen Beziehungen unterminieren und die verschiedenen Rollen, die jeder von uns in seinem Leben spielt. Anstatt die uns vorgegebenen Klischeevorstellungen aufrechtzuerhalten, die uns die Art und Weise diktieren, wie wir unserer

Rolle als Mutter, Vater, Mann, Frau, Liebhaber, Geliebte, Ehemann, Ehefrau, Arbeitnehmer oder Chef gerecht werden, können wir diese Rollen aus einem Zustand des Bewusstseins von Liebe heraus viel wirkungsvoller, freudiger und leidenschaftlicher als jemals zuvor ausfüllen. Teil 3 bietet konkrete Vorschläge dafür, wie wir unser Bewusstsein von Liebe in diesem schnelllebigen, sprunghaften neuen Jahrhundert, in dem wir leben, ausdrücken können.

LEUCHTFEUER, DIE IHREN WEG ERHELLEN

Bevor wir anfangen, können wir uns vorbereiten, indem wir bestimmte Geisteshaltungen kultivieren und diejenigen loslassen, die uns behindern. Die folgenden Richtlinien werden den Grundstein für Ihr Leben im Bewusstsein von Liebe bilden. Wann immer Sie verwirrt oder voller Zweifel sind, können Sie zu diesen Richtlininien zurückkehren, um Ihre Aufnahmefähigkeit wiederzufinden. Viele dieser Richtlinien kommen aber auch immer wieder im Laufe des Buches vor, und das ist auch gut so, denn je öfter sich etwas wiederholt, desto eher prägt es sich ein.

Konzentrieren Sie sich auf Freude

Das allererste, das wir tun müssen, ist, uns auf Freude zu konzentrieren - auf die Schönheit, die Unschuld, das Lob, die Liebe und die Dankbarkeit, die jedem Moment inne wohnt. Ist es nicht an der Zeit, dass wir uns mehr darauf besinnen?

Wie sieht Freude aus? Das ist das Schöne an Freude: Sie hat keine festgelegte Form. Freude ist eine undefinierte Schwingung. Sie ist wie eine Bergquelle: mit überschäumenden Blasen, die unentwegt aus der Tiefe aufsteigen. Ihre ständige Spontaneität nährt und erfrischt, strömt und regeneriert.

Freude interessiert nicht, ob etwas falsch ist oder nicht. Sie kritisiert keine Äußerlichkeiten, sie sucht keinen Schuldigen für Prüfungen und Zwangslagen. Wenn sie das täte, würde ihr Wasser sofort versiegen, wäre verfärbt und leblos. Freude ist offen für die Liebe und dafür, die Liebe zu sein. Sie hat keine vorgefasste Meinung darüber, wie Liebe sein sollte und wer sie bekommen sollte.

Anstatt auf etwas von außen zu warten, das Freude bringt — zum Beispiel das nächst beste, das man essen kann oder ein neues Spiel - werden Sie selbst zur Freude. Dann gehen Sie hinaus in die Welt und teilen sie mit der Menschheit.

Bleiben Sie im Hier und Jetzt

Freude lebt in der Gegenwart, also kümmern Sie sich nicht um die Vergangenheit oder Zukunft - beide haben Sie ja schon genug in Beschlag genommen, Dankeschön. Es ist an der Zeit, dem Hier und Jetzt - der Gegenwart, in der das Leben tatsächlich stattfindet - ein wenig mehr Aufmerksamkeit zu schenken, die sie dringend benötigt.

Gewinnen Sie die Unschuld der Kindheit zurück

Kinder sind uns Erwachsenen weit überlegen, was das Thema Glücklichsein anbelangt. Sie nähern sich allem, als wäre es das erste Mal, völlig unvoreingenommen von dem, was vorher war. Sie sehen Magie und Wunder, wohin sie auch schauen. Können Sie sich vorstellen, was für eine Erleichterung es wäre, zu diesem Stadium zurückzukehren?

Als ich ein Kind war, war ich einfach nur. Ich beobachtete mich nicht und bewertete auch die Reaktionen der Menschen um mich herum nicht. Ich versuchte nicht zu manipulieren, zu verführen oder irgendwie zu kontrollieren. Nur ich selbst zu sein war mir genug. Ich hatte keine Vorstellung davon, ob etwas lächerlich oder ernst war: Wenn ich glücklich war, lachte ich; wenn ich traurig war, weinte ich. Um es zusammenzufassen: Ich habe meine Handlungen nicht hinterfragt. Ich war einfach. Ich war ein seiendes Wesen. Sobald wir das Gepäck tragen, das uns das Erwachsenwerden aufbürdet, mit seinen Meinungen, Ängsten und fehlgeleiteten Wahrnehmungen, haben wir diese Spontanität verloren.

Wenn Sie jetzt durch Ihren Alltag gehen, streichen Sie bitte alles aus, was auf Ihrer geistigen Zeichentafel steht und sehen Sie die Dinge so, wie ein Kind sie sehen würde — ohne Erwartungen oder Anschuldigungen. Versuchen Sie, jede Person von Neuem anzusehen. Wenn Sie ein Obdachloser nach einer Münze fragt, lächeln Sie ihn an, anstatt wie sonst mit ihm zu debattieren — vielleicht war das alles, was er jemals von Ihnen wollte. Wenn Ihre lästige Schwiegermutter anruft, gehen Sie nicht auf ihre Ermahnungen oder ihre Klagen ein. Gehen Sie nicht automatisch davon aus, dass es Ärger gibt, wenn Ihre Chefin Sie in ihr Büro bestellt - vielleicht will Sie Ihnen eine Gehaltserhöhung geben! Wir sind immer auf der Hut und erwarten, dass irgendetwas schief geht. Übernehmen Sie stattdessen die unverdorbene, spontane Unschuld eines Kindes; öffnen Sie sich, damit Sie Freude empfangen können.

Werden Sie lockerer und verspielter

Eines der traurigsten Merkmale unserer modernen Gesellschaft ist, dass wir alles viel zu ernst nehmen. Wir fühlen uns dazu gezwungen, dem zu entsprechen, was wir sein "sollten", wovon wir denken, dass es die Welt von uns erwartet. Wir denken: "Mach' dich bloß nicht lächerlich! Rede nicht ungefragt. Sei nicht albern. Sag bloß nicht, was du wirklich denkst — was würden sie davon halten?" Selbstkontrolle und Selbstkritik wurden zu unserem Lebensstil und verschütten unsere Verspieltheit ebenso wie unsere Fähigkeit, uns selbst auszudrücken.

Wir müssen wieder lernen, etwas aus unserem Herzen fließen zu lassen — damit wir uns erlauben können, dumm auszusehen, frei zu tanzen, anzuhalten und uns selbst daran zu erinnern, dass es im Leben um Lachen und um unbeschwerte Freude geht. Versuchen Sie es. Sie könnten es mögen.

Sie müssen nicht immer Recht haben

Sobald es um unsere eigene Meinung geht, scheint es nichts Wichtigeres zu geben als das. Aus diesem Grund spüren wir eine dringende Notwendigkeit, stets Recht zu haben. Das bedeutet aber oft, dass wir damit nachweisen, dass ein anderer falsch liegt, was zu Konflikten führt. Sobald wir das Gefühl haben, etwas beweisen zu müssen, hört bei uns der Spaß auf.

Man merkt sofort, wenn eine Idee auf Angst basiert: Sie wird von der Notwendigkeit begleitet, sie zu verteidigen, um die Idee vor denen zu schützen, die nicht der gleichen Meinung sind.

Das ist die Wurzel des Fanatismus. Liebe braucht im Gegensatz dazu keine Verteidigung. Sie ist für die Meinung anderer Menschen offen und kann sie begeistert annehmen.

Sobald Sie nicht mehr Recht haben müssen, lernen Sie, mit der Welt im Fluss zu sein. Um das zu tun, müssen Sie nicht meinen, Unrecht zu haben. Sie müssen nur für die Möglichkeit offen sein, dass Ihre Perspektive möglicherweise nicht die absolute Wahrheit ist, und dass es im großen Plan aller Dinge gar nicht darauf ankommt. In Wirklichkeit ist diese von Ihnen gehegte Meinung nur ein weiterer Gedanke, nur ein anderer geistiger Konstrukt. Wenn Sie sich dieser Flexibilität einfach hingeben, werden Sie offener.

"Ich weiß es nicht", ist einer der stärksten Ausdrücke auf der Reise zu innerer Größe. Sobald Sie feststellen, dass Sie etwas nicht wissen, sind Sie offener und können etwas annehmen.

Beobachten Sie sich. An welcher Stelle wurden Ihre Meinungen wichtiger als Friede und Harmonie? Fragen Sie sich, ob Sie für Ihre Ideen kämpfen oder ob Sie offen sind, eine neue Sichtweise anzunehmen, damit Sie sich über Ihr derzeitiges Verständnis hinaus entwickeln können? Ich will Ihnen nicht nahelegen, Ihre Ideen zu verraten, aber Sie sollten im Blick behalten, was wirklich wichtig ist: immer an einen Ort der Liebe zu kommen.

Hören Sie auf die Stimme Ihres Herzens

Der menschliche Verstand hat viele Vorzüge: Er ist verantwortlich für unzählige Entdeckungen, Annehmlichkeiten und Erfindungen, die ständig für weitere Entwicklungen der Welt sorgen, in der wir leben. Doch trotz seiner wunderbaren Komplexität ist er an die Gesetze der Dualität gebunden. Positiv und negativ, Raubtier und Beute, Dürre und Überschwemmung - diese Gegensätze bilden die Grundsätze, von denen der Intellekt regiert wird. Wenn wir die Leere erfahren wollen, müssen wir jenseits des Herrschaftsgebiets unseres Intellekts gehen. Wir müssen aus dem Bekannten heraus in die Leere.

Die Wände, die unser Verstand aufgebaut hat, bilden unsere Beschränkung. Wir haben uns so sehr an sie gewöhnt, dass sie uns hier in Sicherheit wiegen, aber diese Wände halten uns gefangen in unserer Unzufriedenheit. Unsere natürliche Neugierde wird immer von unserem Unterbewusstsein angestachelt, weil es uns ermutigen will, über das Vertraute hinaus zu gehen und etwas weiter zu suchen. Lassen Sie uns diesem Drängen nachgeben, diesem angeborenen Wunsch nach Erforschung und Entdeckung, und in eine neue Erfahrung des Seins vorstoßen, weit über das hinaus, was wir bislang kennen.

Es gibt ein Wissen jenseits des Verstandes. Im Gegensatz zu intellektuellem Verständnis, das immer zwei Seiten einer Medaille betrachtet, zweifelt dieses Wissen nie. Es vertraut sich stillschweigend selbst und spricht mit absoluter Klarheit. Wenn es spricht, spricht es ohne Vorwarnung: Plötzlich hören Sie sich reden und wissen noch nicht einmal weshalb. Dennoch hören Sie die Wahrheit in Ihren eigenen Worten. Sie können das spüren. Hören Sie hin. Sie ist da, sie liegt in Ihnen. Sie werden sie hören. Sie spricht aus Allwissenheit mit der Energie bedingungsloser Liebe.

Analysieren Sie nicht

Wenn Sie sich einen Film ansehen, fragen Sie sich dann, wie das Bild in Ihren Fernsehschirm kommt - welcher Satellit es ausstrahlt und wie die Millionen einzelner Pixel sich zusammenfügen, um all die unterschiedlichen Farben zu bilden? Nein, denn das würde den Film ganz schön langweilig machen! Aber warum können wir das Leben nicht auf die gleiche Art und Weise betrachten und unschuldig die Wunder und Geheimnisse bestaunen, das unverhoffte Kapitel, das um die Ecke wartet? Warum analysieren und sezieren wir immer alles? Analysen lassen uns in Dichte und Komplexität stecken bleiben, während das Bewusstsein von Liebe ganz das Gegenteil bewirkt, weil es einfach, leicht und voller Freude ist. Es öffnet uns für Veränderungen, während Analysen uns steifer und träger machen.

Versuchen Sie, Ihr Leben einfach zu beobachten, anstatt über die Warums zu grübeln. Was, wenn es gar kein Warum gibt? Was, wenn alles einfach nur ist, und alles, was Sie tun müssen, ist, einfach zu sein? Wenn Sie zu sehr versuchen, zu verstehen, werden Sie nur immer verwirrter enden! Versuchen Sie stattdessen, leichter zu sein, unschuldiger. Dann fangen Sie an, die

Dinge von einer tieferen Warte aus zu verstehen, über die Zweifel und Unsicherheiten hinweg, die unweigerlich dadurch entstehen, dass der Intellekt alles begründen will.

Fangen Sie mit spirituellen Übungen an

Schon immer haben Menschen spirituelle Übungen genutzt, um ihr Leid zu überwinden und innere Ruhe zu finden. Wichtig ist dabei, nach innen zu gehen, und spirituelle Techniken erleichtern das. Wer täglich diesen Übungen etwas Zeit widmet, erreicht eine sich immer weiter vertiefende Selbsterkenntnis und Genügsamkeit.

Gebete, Meditation, Singen, Yoga Asana, Sense Withdrawal (Pratyahara), Tai Chi, Aufzeichnungen — es gibt unendlich viele, verschiedene spirituelle Übungen. Ich empfehle das Isha System, das ich selbst für meine eigene, persönliche Reise genutzt habe. Die einzelnen Lehrsätze des Isha Systems eignen sich hervorragend dazu, Sie hinter die oberflächliche Ebene des Geistes zu leiten. Das Isha System und seine Lehrsätze habe ich ausführlich in meinem Buch "Why Walk When You Can Fly?" ("Warum laufen Sie, wenn Sie fliegen können?") beschrieben. Eine kurze Einführung in diese Lehrsätze finden Sie im Anhang 1 in diesem Buch. Wenn Sie die Lehrsätze trainieren, während Sie dieses Buch lesen, werden Sie dessen Weisheiten wirkungsvoller in sich aufnehmen können.

Freuen Sie sich auf die Reise!

Stellen Sie sich vor, dass Sie am Fuße des Aconcagua stehen, dem höchsten Berg der Anden. Aconcagua bedeutet in der Eingeborenensprache Quechua "Wächter aus Stein", und der Berg steht als wundervolles Beispiel dafür, die Ängste des Verstandes zu überwinden. Um die Spitze des Berges zu erreichen, müssen Sie sich über Ihre Ängste erheben und Ihren Fokus auf Freude und Wertschätzung legen. Danach werden Sie in der Lage sein, die Welt aus einem transzendenten Blickwinkel zu betrachten und überschwänglich die Schönheit feiern können, die vor Ihnen ausgebreitet ist.

Doch um den Gipfel zu erreichen, müssen Sie auf Ihrer Reise einen Schritt nach dem anderen setzen. Wenn Sie davon besessen sind, den Gipfel zu erreichen, werden Sie die Blumen zu Ihren Füßen nicht bemerken. Entweder Sie springen über die Gänseblümchen und Ziegenherden, die am Hang weiden (denken Sie an Julie Andrews in dem Musical "The Sound of Music"), oder Sie trotten ernst zu Ihrem künftigen Ziel, ohne die Schönheit um Sie herum zu bemerken. Aber jeder Schritt gehört zu Ihrer Reise: die Liebe, die Freude, die Fülle, die wir im Hier und Jetzt erleben.

Wenn Sie Ihre Reise durch dieses Buch aufnehmen — was einer Reise durch den Rest Ihres Lebens gleichkommt — achten Sie die ganze Zeit auf die Freude um Sie herum! Dann werden Sie das Gefühl haben, Sie hätten Ihr Ziel bereits erreicht.

Teil I

Illusionen zerstören

Nun, nachdem wir die richtige, von Offenheit und Aufnahmefähigkeit geprägte Einstellung angenommen haben, sind wir bereit, mit der Zerstörung der Illusionen zu beginnen, die uns davon abhalten, zu erwachen.

Zerstörung. Das klingt wie etwas Schlechtes, aber in Wahrheit kommt Weisheit von Zerstörung. Leere entsteht, wenn wir alles Geschwätz vernichten — die Ideen, die Meinungen, die Urteile und Pläne, die um den vordersten Platz unserer Aufmerksamkeit kämpfen. Dieses gleichmäßige Zufallsrauschen, dieses statische Summen ist genau das, was uns von unserer wahren Natur, von der Herrlichkeit und Schönheit des Selbsts ablenkt und blendet. Das Staunen kommt erst, wenn wir in uns selbst ruhen. Sein — einfach nur sein, ohne irgendetwas anderes — so entsteht Zufriedenheit. In dieser Leere entdecken wir das schwer Fassbare und erreichen alles, wofür wir jemals gekämpft, was wir angesteuert, beklagt oder in dem Bemühen getan haben, es zu schaffen, jemand zu sein, aufzusteigen. Es war die ganze Zeit da und hat darauf gewartet, dass wir uns verzweifelt ergeben und endlich aufhören, außerhalb von uns nach Vollendung zu suchen.

Sobald wir diesen inneren Zustand finden, durchdringt die Freude des Bewusstseins von Liebe jeden Augenblick, jede unserer Handlungen. Wir werden Künstler, Schöpfer, wobei wir der Welt unseren eigenen, einzigartigen Ausdruck geben. Wir versuchen nicht, etwas zu bekommen; unser Fokus liegt nicht darauf, wie wir davon profitieren können. Wir sind Gebende, wobei wir dem Ganzen unsere eigene Note geben. Indem wir unser Selbst teilen, fangen wir an, Freude und Erfüllung zu finden.

In diesem Abschnitt werden wir lernen, aus unserer Opferrolle herauszukommen und uns in Schöpfer zu verwandeln, indem wir die Illusionen zerstören, die uns die Sicht auf unser Selbst und die Welt vernebeln. Wir entdecken, wie sehr uns die Bequemlichkeit einschränkt, zerstreuen unsere falsche Vorstellung von Mangel, überwinden Passivität und Diskriminierung, durchschauen einen scheinbaren Abstand, bewegen uns außerhalb eigener Urteile, verstehen, wie sehr Kontrolle die Natur erdrückt und beginnen, uns selbst von unserer eigenen Unterdrückung zu befreien.

Kapitel 1

Illusion Nr. 1: Ich bin ein Opfer

GLAUBE: *Die Dinge, die mir passieren, stellen mich noch nicht einmal zufrieden*

WIRKLICHKEIT: *Ich bin ein unendlich allmächtiger Schöpfer*

Die Umstände, die jedes einzelne unserer Leben geprägt haben, sind so einzigartig und individuell wie unsere Persönlichkeiten - kein Leben gleicht dem anderen. Nur unsere Fähigkeit, als Individuum zu wachsen, uns in mitfühlendere, liebendere und bewusstere Menschen zu entwickeln, liegt nicht an dem, was uns passiert ist, sondern in unserer Haltung zu diesen Situationen. Wenn es einmal hart auf hart kommt, geben wir dann auf oder geben wir Gas? Wehren wir uns oder nehmen wir die Situation in Liebe an, um daran zu wachsen?

Letztendlich gibt es nur zwei Einstellungen, die wir im Leben einnehmen können: die Haltung eines Opfers oder die eines Schöpfers.

Ein Opfer kann die Schönheit, Fülle oder innere Vollkommenheit eines jeden Augenblicks nicht sehen, denn es hat eine bestimmte Vorstellung davon, wie die Dinge sein sollten, eine Vorstellung, die zwangsläufig zerstört wurde, eine Vorstellung, die im Widerspruch mit dem ist, was ist. Dieses Gefühl der Nichtübereinstimmung schürt Ärger — Ärger auf das Leben, auf Gott — aber es äußert sich im Opfer als eine passive, depressive Schwere, Trägheit und scheinbarer Gleichgültigkeit, wirkt aber eher wie Traurigkeit als Wut. Letztlich repräsentiert es Selbsthass und Gewalt gegen sich selbst. Es ist die ultimative Ablehnung von allem, was ist: Gewalt gegen das Leben.

Die einzige Möglichkeit, dieses Opferrollen-Muster zu durchbrechen, ist die, die Rolle des Schöpfers einzunehmen. Ein Schöpfer lobt seine Schöpfung; ein Opfer kritisiert sie. Ein Schöpfer lebt in Wertschätzung, ein Opfer beschwert sich und übernimmt keine Verantwortung. Das sind zwei völlige Gegensätze. Der Schöpfer nimmt begeistert an, was immer sich ihm in den Weg stellt. Er erwidert alles mit einem "Ja", was ihm ermöglicht, ein Leben in Fülle zu leben. Das Opfer andererseits ist nachtragend und ablehnend. Weil es so starre Vorstellungen davon hat, wie die Dinge aussehen sollten, kann es die Schönheit und Perfektion nicht sehen, die dem Leben innewohnt. Opfer sind eingehüllt in einen Mantel aus brodelnder Passivität, was äußerster Wut entspricht: Das ist die Ablehnung der Existenz, die Aberkennung dessen, was ist.

Wann immer ich mein Leben verneine und eine bessere Vorstellung von dem habe, was sein sollte, lehne ich das Leben ab. Weil ich das Spiel nicht beherrsche, will *Ich bin verantwortlich.* ich nicht mitspielen. Ich verstehe nichts, daher erkenne ich nichts an. So klingt das zwanghafte Extrem eines schrecklichen Geistes; seine Komplikationen saugen alle Freude aus dem Leben. Das Bewusstsein aber lebt in Verbindung mit dem Herzen. Wenn Sie aus dem Herzen heraus leben, gibt es keine Fragen. Sobald Sie nicht mehr eingeschränkt sind, verschwindet das verzweifelte Bedürfnis, alles zu verstehen und sie sind verwoben mit der fruchtbaren Freude des reinen Seins. Wenn es die Liebe gefunden hat, braucht das Herz nichts anderes mehr.

Wie kann ich mich nun von einem Opfer in einen Schöpfer verwandeln? Indem ich mich auf das Bewusstsein von Liebe konzentriere, auf die stillen Tiefen, die in uns allen liegen, bis wir zum Geist ohne Gedanken werden. Warum? Es gibt kein Warum. Es ist einfach so. Sobald Sie bemerken, dass Sie sich gegen etwas sträuben, das ist — und denken, es könne in diesem Moment etwas Besseres geben oder etwas sei ungerecht — belassen Sie es dabei. Erinnern Sie sich daran, dass Sie zu Gott werden, sobald Sie fließen und sich ihm überlassen. Wenn Sie kämpfen, sind Sie nichts weiter als ein aufgebrachtes Kind, das keine Verantwortung übernehmen will. Nichts könnte in diesem Moment besser sein, nichts ist ungerecht, denn Gott ist alles; Sie sind Gott in allem; Gott ist Freude; und das alles ist Ihre Schöpfung.

BEFREIEN SIE SICH VON IHRER OPFERROLLE

Bitte verstehen Sie mich richtig, ich schlage Ihnen nicht vor, dass Sie sich intellektuell davon überzeugen, dass Sie kein Opfer sind. Im Gegenteil, wenn Sie sich in jedem Bereich Ihres Lebens wie ein Opfer vorkommen, dann erlauben Sie sich, das auch zu spüren. Nehmen Sie Ihr inneres Opfer an. Lieben Sie das Opfer, das in Ihnen steckt. Sie werden es nicht los, indem Sie es ablehnen oder verurteilen. Spüren Sie, welche Gefühle Ihre Opferrolle in Ihnen weckt: Trauer, Wut, Verbitterung. Schreien Sie in ein Kissen. Weinen Sie. Schlagen Sie auf eine Matratze ein. Machen Sie, was auch immer in Ihnen hochkommt. Nehmen Sie das Opfer, das in Ihnen steckt, in den Arm und schon bald werden sie es durchschauen. Sobald Sie alle angesammelten Gefühle freigesetzt haben, wird Sie Ihre Opferhaltung nicht mehr belasten und bald verschwinden.

BEFREIEN SIE SICH VON SCHULD

Ein Schöpfer zu werden bedeutet letztendlich, Verantwortung für sein Leben zu übernehmen. Das Opfer hält Verantwortung für etwas Unbequemes, eine lästige Pflicht. Es ist auch viel einfacher, jemand anderem die Schuld für die eigene Unzufriedenheit zuzuweisen. Aber in Wirklichkeit ist das gar nicht einfacher: Es nimmt Ihnen die Entscheidung, das Leiden zu beenden, einfach aus der Hand. Sie sind so lange der Sklave Ihrer Umgebung, bis Sie die Verantwortung für Ihr eigenes Glück in die Hand nehmen. Erst wenn Sie das tun, werden Sie wahre Freiheit finden.

Im Allgemeinen denken wir, Freiheit bedeutete, dass wir tun und lassen können, was wir wollen. Aber diese Definition von Freiheit übersieht die Tatsache, dass die Person, die uns am meisten kontrolliert und beurteilt, wir selbst sind. Wahre Freiheit kann einem von einer anderen Person weder garantiert noch genommen werden: Nur wir selbst haben diese Macht über uns.

Freiheit bedeutet, sich selbst zu akzeptieren. Sie erlaubt uns, wir selbst zu sein. Wir haben dann nicht mehr das verzweifelte Bedürfnis nach Anerkennung, das uns sonst dazu bringt, unbequeme gesellschaftliche Normen zu erfüllen, nur um dazu zu gehören. Solange wir uns nach Anerkennung von anderen sehnen, wird sie nie ausreichen, und zwar einfach deshalb nicht, weil wir uns selbst nicht anerkennen. Solange wir uns nicht selbst anerkennen, versuchen wir, andere dazu zu bringen. Aber der Versuch, Eigenliebe durch Anerkennung von außen zu ersetzen, ist, wie wenn Sie den Fernseher laut stellen, um das Weinen eines Babys zu übertönen — eine Ablenkung, die die Situation nicht verbessert.

Wahre Freiheit ist Freisein von der Opferrolle. Es geht darum, Verantwortung zu übernehmen für die Person, die Sie sind, sie freudig anzunehmen und Ihrer inneren Stimme zu vertrauen.

> Bitte bedenken Sie: Ich möchte nicht, dass Sie diese Verhaltensweisen übernehmen, wenn Ihnen nicht danach ist. Verleugnen Sie Ihre eigene Wahrnehmung nicht, nur um sich einer intellektuellen Idee davon anzupassen, was "richtiges Verhalten" wäre. Erweitern Sie stattdessen Ihr Bewusstsein. Sie werden sich dann die Handlungen eines Schöpfers auf ganz natürliche Weise aneignen.

ÜBERNEHMEN SIE DIE VERANTWORTUNG FÜR IHRE ENTSCHEIDUNGEN

Verantwortlich sein bedeutet letztlich, die Verantwortung für uns zu übernehmen und für die Entscheidungen, die wir in jedem Augenblick treffen.

Wir haben nicht wirklich eine Ahnung davon, wie mächtig wir tatsächlich sind. Wir neigen dazu, uns als kleine Einzelpersonen in einer riesigen Welt zu betrachten, die ihr Bestes geben, um die Wogen zu glätten, die zwischen uns und unseren Wünschen stehen. Doch es gibt eine Wahrheit, die diese Einstellung ändern, das Gefühl, ein Opfer zu sein, vernichten und wahre Freiheit bringen kann:

Das, worauf Sie Ihre Aufmerksamkeit richten, wächst.

Unser Fokus erschafft unsere Realität. Wenn wir nur darauf achten, was in unserem Leben und in der Welt schief läuft, was sehen wir dann? Das, was schief läuft. Wenn wir aber uns auf die Dinge konzentrieren, die wir lieben, dann inspirieren uns diese Dinge und erfüllen uns mit Freude. Wir fangen an, die Schönheit zu sehen, für die wir so lange blind waren. Sie können die Erfahrungen Ihres Lebens in einem Augenblick verändern, nur indem Sie auf Ihr Innerstes achten. Lenken Sie einfach Ihre Aufmerksamkeit tief in sich selbst, anstatt sich von den Sorgen und Dramen der Welt gefangen nehmen zu lassen. So können Sie lebenslange Muster von Unzufriedenheit und Sorge durchbrechen.

Wenn es denn aber so einfach wäre, warum machen wir es dann nicht? Ich weiß warum: Weil wir es nicht wollen. Wir wollen gar nicht glücklich sein — wir ziehen es vor, für das zu kämpfen, was unserer Meinung nach sein sollte. Wir wollen uns nicht hingeben: Wir wollen gewinnen. Wir wollen die Realität nicht freudig anerkennen: Wir wollen den Ideen davon hinterherjagen, wie Dinge zu sein haben, anstatt sie so zu akzeptieren, wie sie sind. Warum? Weil wir überzeugt davon sind, dass wir am besten wissen, wie unser Leben aussehen sollte.

Kinder machen das nicht. Sie nehmen ungefragt an, was sie haben. Als ich noch an der kolumbianischen Küste lebte, haben die dort ansässigen Jungs barfuß mit Kokosnüssen Fußball gespielt. Sie bliesen nicht Trübsal und dachten, *wenn ich nur ein paar Turnschuhe von Nike hätte! Dann könnte ich viel besser spielen. Wenn wir nur einen richtigen Ball hätten statt dieser Kokosnuss. Sie dachten nicht so. Sie hatten auch so ihren Spaß und freuten sich an dem, was sie hatten.*

Ich leugne nicht, dass es wichtig ist, an einer besseren Welt zu arbeiten. Ich schätze jede Aktion, die dabei hilft, die Menschheit zu verbinden und die Lebensqualität auf diesem Planeten zu verbessern. Aber wenn wir nur darauf achten, was schlecht läuft, selbst wenn wir den Vorsatz haben, es besser zu machen, verewigen wir die Unzufriedenheit und fehlende Übereinstimmung mit dem, was ist. Lassen Sie uns im Blick behalten, was wir in dieser wundervollen, unglaublichen Welt, in der wir leben, erreicht haben und achten auf die leidenschaftlichen, begeisterte Menschen, die täglich ihr Bestes für die Menschheit geben.

Konzentrieren wir uns darauf, was wir geben können, und welche Wege uns zu einem freudvolleren, erfüllendem Leben führen können. Konzentrieren wir uns darauf, stets im Hier und Jetzt zu leben, uns selbst zu kennen, uns zu akzeptieren, uns freudig anzunehmen. Dann werden wir diese Liebe auf ganz natürliche Weise mit denen teilen, die um uns sind.

Auf was konzentrieren Sie sich im Moment? Auf die Enttäuschungen der Vergangenheit oder die Sorgen über die Zukunft? Warum versuchen Sie nicht, nur mal eben für heute, sich darauf zu konzentrieren, jeden einzelnen Moment zu genießen und in jeder aufkommenden Situation das Beste zu geben?

Entdecken Sie die Kraft der Konzentration, und übernehmen Sie dabei die Verantwortung für Ihr eigenes Glück.

Hausaufgabe

Konzentrieren Sie sich heute darauf, jeden einzelnen Moment zu genießen. Sobald Sie sich selbst dabei ertappen, dass Sie sich Sorgen machen oder etwas von früher bedauern, schauen Sie einfach in den Himmel und lachen Sie sich aus. Denken Sie: "Upps, ich habe es schon wieder getan!", und bringen Sie sich zurück in die Gegenwart.

EIN SCHÖPFER WERDEN: HABEN SIE DAS NÖTIGE RÜSTZEUG?

Unsere Gesellschaft schafft ein Opferbewusstsein. Die Medien setzen sich für die Opfer ein, kämpfen für die Unterdrückten und unterstützen die Idee, dass wir alle Opfer sind, die vor ihren Unterdrückern gerettet werden müssen. Diese Mentalität ist sehr tief in uns verwurzelt und es fällt uns daher schwer, zu verstehen, dass wir keine Opfer sind. Dieser Gedanke könnte uns sogar beleidigen; er könnte grausam und mitleidlos wirken.

Aber Menschen als Opfer zu sehen ist die lähmendste Haltung, die wir einnehmen können: Sie hält die Menschen in ihrer Ohnmacht und leugnet deren Fähigkeit, sich zu verändern. Eine anteilnehmende Haltung inspiriert Menschen zu ihrer wahren Größe, unabhängig von äußeren Umständen. Ich behaupte hier nicht, dass wir Ungerechtigkeit leugnen oder die Bedürfnisse der Menschheit ignorieren sollen; ich behaupte, dass das Wichtigste und Nachhaltigste, das wir tun können, ist, unser inneres Opfer zu heilen und dann nehmen wir auch andere nicht mehr als Opfer wahr.

Es erfordert Mut, ein Schöpfer zu sein. Sie müssen für Ihre eigene Größe einstehen und die volle Verantwortung für alles übernehmen, was in Ihrer Welt passiert. Aber die Belohnung dafür ist grenzenlos: Das Resultat ist höchste Zufriedenheit mit sich und mit dem Leben.

DAS GRAS DES NACHBARN IST IMMER GRÜNER

Eine klassische Form der Opferrolle ist die, unter etwas zu leiden, das wir nicht haben können. Wir sind Experten darin, etwas zu finden, das uns fehlt und wir setzen alles daran, es zu bekommen. Das ist eine todsichere Methode, alles Glück aus unserem Leben zu vertreiben. Eine Frau, die kein Kind zur Welt bringen kann, kann in ihrem Verdruss die guten Seiten ihres Lebens vergessen: Sie hat möglicherweise den perfekten Partner, die Möglichkeit, ein Kind zu adoptieren, wenn sie das wollte, Erfüllung in ihrer Arbeit, die Freiheit, zu reisen und ihren Hobbys nachzugehen. Aber ihre unnachgiebige Vorstellung davon, wie die Dinge sein sollten, ihre Enttäuschung darüber, was sie nicht haben kann, wird zu einer fixen Idee und überschattet den Zauber und die guten Gelegenheiten, die in jedem Moment liegen. Das Gleiche kann uns mit jedem anderen Teil unseres Lebens geschehen, von dem wir das Gefühl haben, dass er fehlt: Der fehlende Seelenpartner kann unsere Leidenschaft für den Beruf in den Schatten stellen. Oder unsere Arbeitslosigkeit kann uns blind für die Unterstützung einer liebevollen Familie machen. Selbst die E-Mails in unserem Spam-Ordner spiegeln unsere Tendenz wieder, uns auf das zu konzentrieren, was uns fehlt: Ich werde ständig mit Angeboten für Penisverlängerungen bombardiert und (ohne jetzt die Schwierigkeiten herunterspielen zu wollen, die Gefühle von Impotenz mit sich bringen) mir ist klar geworden, dass der Eindruck, anatomisch zu kurz gekommen zu sein, nur einer der vielen Sündenböcke ist, den wir für all unseren Druck und unsere Enttäuschungen verantwortlich machen. Wir geben Dingen, die wir nicht ändern können, die Schuld an unserer Unzufriedenheit. Indem wir das tun, geben wir unsere Fähigkeit auf, Freude in all den wunderschönen Dingen zu finden, die das Leben mit sich bringt.

OPFERHALTUNG IM VERGLEICH ZUR HALTUNG EINES SCHÖPFERS IN SITUATIONEN DES TÄGLICHEN LEBENS

Es gibt viele Situationen, in denen man ganz leicht den Unterschied zwischen einer Opferhaltung und der Haltung eines Schöpfers erkennen kann. Die folgenden Beispiele können Ihnen dabei helfen, sich Ihrer Opfermentalität bewusster zu werden und neue Entscheidungen zu treffen:

SITUATION ODER EIGENSCHAFT	OPFERHALTUNG	HALTUNG ENES SCHÖPFERS
Beziehungen	Du machst mich nicht glücklich. Ich brauche deine Liebe, um mich wertvoll fühlen zu können	Mir gefällt, dir etwas zu geben. Ich möchte dir dabei helfen, das Beste aus dir herauszuholen, so wie auch ich immer das Beste aus mir machen möchte. Ich bin offen für deine Liebe und ich verdiene deine Liebe.
Verlust	Warum passieren mir solche fürchterlichen Dinge? Ich kann nicht glücklich sein, denn meine äußeren Umstände lassen das nicht zu. Wenn ich bessere	Ich heiße die Dinge, die mir in diesem Leben geschehen, willkommen und sehe sie als Chance, an ihnen zu wachsen. Ich vertraue darauf, dass selbst die Dinge

Möglichkeiten hätte, könnte ich mich vielleicht vollständig fühlen oder mein Potenzial voll ausschöpfen.

das Beste für mich sind, die ich mir nicht gewünscht habe. Ich ergebe mich in mein Schicksal und füge mich dem, was kommt. Meine Freude finde ich darin, dass ich alles willkommen heiße und genieße, und nicht darin, dass ich mich widersetze und mich beklage.

SITUATION ODER EIGENSCHAFT	OPFERHALTUNG	HALTUNG ENES SCHÖPFERS
Mangel	Ich habe nicht genug Zeit/Geld/Unter-stüt-zung	Ich bin ganz im Hier und Jetzt, ich sehe, dass ich alles habe, was ich in diesem Moment brauche. Indem ich vertraue und mich dem Leben hingebe, bin ich offen und kann den Reichtum schätzen, die mir beständig zufließt.
Geben und nehmen	Ich muss nehmen, denn ich habe nicht genug. Die Menschen wollen mir etwas wegnehmen, deshalb muss ich mein Hab und Gut schützen. Wenn ich in der Vergangenheit jemandem vertraut	Ich bin hier, um zu dienen; es macht mir große Freude, etwas von dem Überfluss in mir abzugeben. Wenn ich gebe, erhalte ich, denn ich gebe es mir selbst. Je mehr ich gebe, desto mehr erhalte ich.

	habe, wurde ich enttäuscht. Ich erwarte daher, dass immer etwas schief geht.	

SITUATION ODER EIGENSCHAFT	OPFERHALTUNG	HALTUNG EINES SCHÖPFERS
Vertrauen	Wenn ich in der Vergangenheit jemandem vertraut habe, wurde ich enttäuscht. Ich erwarte daher, dass immer etwas schief geht.	Von nichts kommt nichts. Meine Entscheidung, zu vertrauen, reflektiert meine eigene Rechtschaffenheit und hängt nicht von Resultaten ab. Wenn ich vertraue, gewinne ich, unabhängig davon, wie die Sache ausgeht, denn ich vertraue mir.
Einen „Fehler" machen	Es war nicht meine Schuld. Ich muss dir unbedingt erklären, warum es nicht meine Schuld war. Ich muss dich unbedingt von meiner Entschuldigung überzeugen. Ich übernehme keine Verantwortung für das, was ich tat.	Ich bin für alles verantwortlich: Wenn ich einen Fehler mache, dann nehme ich das als Gelegenheit, um zu lernen und es das nächste Mal besser zu machen. Ich verteidige mich nicht. Ich höre aufmerksam zu, damit ich mich weiterentwickeln kann.

SITUATION ODER EIGENSCHAFT	OPFERHALTUNG	HALTUNG EINES SCHÖPFERS
Freundschaft	Weil ich dein Freund bin, schuldest du mir etwas. Ich gebe dir so viel, daher musst du mir viel zurückgeben.	Ich gebe bedingungslos und ich bin bereit, etwas zu empfangen. Ich bin durch dich verwundbar, doch ich höre uneingeschränkt zu, was du mir zu sagen hast, denn die Liebe braucht keinen Schutz.
Anerkennung	Ich brauche Anerkennung, ich brauche deinen Beifall. Wenn du nicht meiner Meinung bist, nimmst du mir Kraft. Ich kann mich nicht selbst wertschätzen, wenn du mich nicht lobst.	Ich schätze mich selbst; es ist die Rechtschaffenheit meiner Handlungen, die mich befriedigt. Wenn ich merke, dass man mir nicht zustimmt, gehe ich nach innen und frage mich, wie ich mich damit fühle, so dass ich mir dessen bewusst werde. Mein Selbstwertgefühl hängt davon ab, wie ich mein inneres Bewusstsein erlebe, was nicht von den wechselnden Meinungen der Menschen um mich herum abhängt..

SITUATION ODER EIGENSCHAFT	OPFERHALTUNG	HALTUNG EINES SCHÖPFERS
Aktivitäten	Mir kommt alles wie eine lästige Pflicht vor. Ich reagiere auf jede Anfrage mit Widerstand. Aus Faulheit mache ich Pausen, so oft ich kann. Meine Leistungen sind mittelmäßig..	Ich sage "Ja" zu allem. Ich liefere Spitzenleistungen ab und es gefällt mir, immer das Beste zu geben und mich selbst dann noch zu verbessern
Verantwortung	Ich bin nicht für die Dinge verantwortlich, die mir passieren.	Ich bin für mein Universum verantwortlich.

Zum Nachdenken

- Fragen Sie sich, wieso versuche ich, eine innere Leere durch äußere Anerkennung zu füllen. Wieso hängt meine eigene Selbstkritik vom Urteil anderer Menschen ab?
- Ist in der letzten Zeit irgendetwas geschehen, für das Sie jemand anderem die Schuld gaben? Gibt es Bereiche in Ihrem Leben, in denen Sie sich kraftlos oder schikaniert fühlen? Können Sie Ihre Ansicht ändern und etwas dafür tun, damit Sie sich genau in diesen Bereichen wie ein Schöpfer fühlen?

Kapitel 2

Illusion Nr. 2: Hauptsache bequem

GLAUBE: *Bequemlichkeit ist immer gut, je bequemer, desto besser.*

WIRKLICHKEIT: *Jede Herausforderung des Lebens macht uns stärker!*

Vor einigen Jahren besuchte ich Feuerland, eine unglaublich schöne Insel an der Spitze Argentiniens, Heimat des südlichsten Dorfes dieser Welt. Das Land mit den zerklüfteten, schneebedeckten Gipfeln beheimatet auch eine riesige Biberkolonie. Diese Biber stammen nicht ursprünglich aus Argentinien, wie man mir sagte, sondern wurden in den 1940-er Jahren von der Argentinischen Regierung aus Kanada eingeführt. Sie glaubte, sie könne mit den Biberfellen ein Vermögen machen. Ihre Begründungen dafür klangen genial: In Feuerland leben keine natürlichen Feinde der Biber, weder Bären, Bärenmarder oder Wölfe. Ohne Feinde würden sich die Biber schnell vermehren, und die Regierung würde davon profitieren, indem sie durch den Verkauf der Pelze riesige Gewinne mache.

Der Plan wurde schnell umgesetzt und so wurden fünfundzwanzig Biberpaare in Feuerland ausgesetzt. Während nun die Biber ihrer Wege gingen, warteten die Importeure freudig auf die Früchte ihrer Arbeit. Die Biber vermehrten sich tatsächlich, aber dann geschah etwas völlig Unerwartetes: Die Nachkommen entwickelten nicht so dicke Pelze wie ihre kanadischen Verwandten. Tatsächlich waren ihre Pelze zu nichts zu gebrauchen.

Die verzweifelten Importeure erfuhren bald, dass das Fell des Bibers dann dick wächst, wenn das Tier die Erfahrung von Angst macht. Aber ohne Raubtiere brauchten die Biber keine Angst zu haben, deshalb konnten ihre Felle nicht wachsen!

Für die Menschen in unserer Gesellschaft ist Komfort das Größte. Alles, was das Leben leichter macht oder weniger Aufwand bedeutet, gilt als wertvoll. Wir haben uns aus Angst vor Konflikten abgewöhnt, die Wahrheit zu sagen und wir wollen auch so selten wie möglich mit unseren Ängsten konfrontiert werden. Daher ziehen wir die Routine dem Unbekannten vor und die Sicherheit der Spontanität. Doch oft sind die unangenehmen Dinge unseres Lebens — die harten Schicksalsschläge, die Enttäuschungen und die Verluste — die größten Herausforderungen in unserem Leben. Wir wünschten, wir müssten solche Stürme nicht durchstehen, dabei sind sie das, was uns stark macht. Sie schenken uns Reife und Verantwortung, und gibt es einen besseren Lehrmeister als die eigene Erfahrung?

Das Leben stagniert, sobald wir die Herausforderungen ausblenden oder vermeiden. Wenn ein Kind verwöhnt wird und seine Eltern oder Bediensteten alles für es tun, kann es nicht die Fähigkeiten entwickeln, die es braucht, um später in der Gesellschaft zurecht zu kommen. Das gleiche gilt, wenn wir uns selbst zu sehr schützen und versuchen, die unvermeidlichen Konflikte des Lebens zu umgehen. Wir haben es dann möglicherweise bequem, aber wir können nicht die Fähigkeiten entwickeln, die uns zu wahrer Größe führen. Wir finden vielleicht Zerstreuung, aber wir verwirklichen uns nicht.

Die Geschichte von Buddha ist ein perfektes Beispiel dafür. Als Prinz Siddhartha wurde er so von der Welt abgeschottet, dass er weder alte noch kranke Menschen sehen durfte. Als er schließlich die Dinge entdeckte, die bislang vor ihm versteckt wurden, traf ihn der Schock völlig unerwartet. Daraufhin suchte er das andere Extrem und führte ein Leben in Buße und Leiden, bevor er endlich den "Mittelweg" fand. Die Extreme in der Welt sind alle Teil des Lebens, und wir tun unseren Kindern keinen Gefallen, wenn wir sie übertrieben vor der Realität schützen.

Wie wurden Sie von einem Kind zu einem verantwortungsbewussten Erwachsenen? Indem Sie keine Fehler machten? Oder vielmehr, indem Sie lernten, dass Ihr Verhalten Konsequenzen hatte? Schlussendlich müssen wir alle diesen Prozess durchlaufen, bevor wir vollständig verstehen. Um als Individuen zu wachsen und zu gedeihen, müssen wir der Welt direkt ins Gesicht sehen und auch die Verluste und Enttäuschungen bereitwillig annehmen, die das Leben uns bringt. Anstatt schwierige Situationen als Hindernisse in unserem Weg wahrzunehmen, können wir sie dann als Chancen nutzen, um zu wachsen, unsere Grenzen zu überschreiten und unseren Horizont zu erweitern.

Es ist nur natürlich, im Leben mal oben und mal unten zu sein. Wir alle haben diese menschlichen Erfahrungen gemacht und eine Vielfalt von Gefühlen und Situationen durchlebt. Sobald wir damit beginnen, uns im Inneren einen Raum von Sicherheit und bedingungsloser Liebe zu schaffen und mit dem Bewusstsein der Liebe zu nähren, können wir beide Extreme freier erleben. Wir beginnen damit, die Kontraste des Lebens freudig anzunehmen und Abenteuerliches im Wechsel und in Unsicherheit zu finden. Selbstverwirklichung bedeutet nicht, in einem Zustand permanenter Glückseligkeit zu leben und niemals irgendwelche Gefühle zu haben. Bei der Selbstverwirlichung geht es darum, die Kontraste des Lebens völlig anzunehmen und keine Angst vor ihnen zu haben. Sobald die innere Freiheit tief in uns verwurzelt ist, müssen wir unsere Umstände nicht mehr kontrollieren und können ungehindert zu den wechselnden Klängen der Symphonie unseres Lebens tanzen.

PRÜFLISTE BEQUEMLICHKEIT

- Treiben Sie Sport, wenn Ihr Körper wegen übertriebener Schonung krank geworden ist.
- Wenn Sie in Ihrem Kopf nur noch Groll hegen, weil Sie Konflikte vermieden haben, nur damit sie es weiterhin bequem haben, gehen Sie hin und sprechen Sie mit der Person, die Sie vermeiden.
- Wenn Ihr Herz zugeknöpft ist, weil Sie es einfacher fanden, sich durch Äußerlichkeiten zu zerstreuen, dann gehen Sie in sich, befreien Sie sich von Ihren Schmerzen und ignorieren Sie nicht mehr, was wirklich vor sich geht. Seien Sie ehrlich mit sich und lassen Sie Ihre eingesperrten Gefühle frei.

UMZUG AUS DER KOMFORTZONE

Der Wunsch nach Bequemlichkeit resultiert aus der Angst vor dem Unbekannten und aus der Angst, zu scheitern. Innerhalb der Komfortzone fühlen wir uns sicher, aber in Wirklichkeit ist Bequemlichkeit ein goldener Käfig, der uns von wahrer Größe ausschließt. Wenn wir uns nicht dazu herausfordern, mehr zu sein, dann legen wir uns auf Mittelmäßigkeit fest. Wir beschweren uns darüber, was in unserem Leben fehlt, doch wir können uns nicht dazu aufraffen, es zu ändern. Die Angst vor dem Scheitern vernebelt unsere Wahrnehmung, so dass wir unser volles Potenzial nicht erkennen können. Unser Verstand überzeugt uns davon, dass wir nicht mehr erreichen können, also bleiben wir stehen.

Wir hängen so an unserer Bequemlichkeit, weil wir Angst vor unserer Größe haben. Es ist sicherer, im Schatten zu sitzen als im Scheinwerferlicht zu stehen: Dort riskieren wir, kritisiert und von anderen abgeurteilt zu werden. Größe erfordert den Mut, alleine zu stehen und keine Kompromisse in Bezug auf unsere Wahrheit zuzulassen. Sie provoziert Veränderung und sorgt für Weiterentwicklung. Größe bedeutet, sich aus dem Fenster zu lehnen, sie klebt nicht an dem, was ist. Sich selbst vertrauen, für Rechtschaffenheit einstehen, nicht sich selbst verlieren, um anderen zu gefallen — das ist Größe.

Innerhalb der Gesellschaft gibt es ein bestimmtes Maß an kollektiver Selbstgefälligkeit. Es erfordert Mut, damit zu brechen und dann alleine zu stehen. Aber wenn wir die eigene Trägheit loswerden wollen, müssen wir das Risiko auf uns nehmen und aufhören, uns darüber Gedanken zu machen, was andere von uns denken könnten. Wir müssen bereit sein, Dinge zu tun, die wir für Fehler halten, um neue Dinge auszuprobieren und neue Erfahrungen zu machen. Wir müssen wagen, uns selbst zu zeigen und auszudrücken.

Wenn ich mich außerhalb der Menge stelle, indem ich etwas Bemerkenswertes tue, dann übernehme ich Verantwortung. Es erfordert weniger Aufwand, sich zurückzulehnen, die finanzielle Situation zu beklagen und der Erziehung oder der Gesellschaft die Schuld dafür zu geben, dass meine Träume sich nicht erfüllen. Aber wir sind alle in der Lage, aus unserer Komfortzone herauszutreten und Größe zu erreichen. Tatsächlich haben einige der inspirierendsten und gefeiertsten Persönlichkeiten der Geschichte durch alle Widrigkeiten gehen müssen, um dann spektakulären Erfolg zu haben. Das sind diejenigen, die "Ja" gesagt haben, als die Welt "Nein" sagte. Es sind diejenigen, die ihre extremen Umstände als Entschuldigung dafür hätten missbrauchen können, dass sie nichts erreicht haben, aber sich dafür entschieden, es nicht zu tun.

Michelle Bachelet ist dafür ein Beispiel und begeistert mich ganz besonders. Sie ist eine alleinerziehende Mutter, die im Exil leben und den Foltertod ihres Vaters hinnehmen musste, bevor sie die erste weibliche Präsidentin in Chile wurde - und das nicht nur als Sozialistin, sondern auch als geschiedene Agnostikerin in einem traditionell katholischen Land. Am Anfang wurde sie öffentlich verachtet, aber ihr Engagement für das Wohlergehen ihres Volkes bescherte ihr die höchsten Beifallsbekundungen im Vergleich zu den chilenischen Präsidenten der vergangenen zwanzig Jahre. Sie war ihrem Land wie eine Mutter, warmherzig aber streng, und sie wusste, dass ihre Kinder ihr später dafür danken würden, dass sie darauf bestanden hatte, das Richtige zu tun.

Es war einmal ein 10-jähriger Junge, der schon als kleines Kind seinen linken Arm verloren hatte. Er stand immer vor der Trainingshalle und sah sehnsüchtig dabei zu, wie die anderen Jungen Judo trainierten. Eines Tages kam der ehrwürdige Großmeister zu ihm nach draußen.

"Möchtest du gerne Judo lernen?", fragte er.

"Liebend gerne, aber ich kann ja nicht", antwortete der Junge und zeigte auf seinen fehlenden Arm.

Der Großmeister sah ihn an. "Ich kann dir Judo beibringen", sagte er.

Sie begannen sofort mit dem Unterricht. In der ersten Lektion zeigte der Großmeister dem Jungen eine einfache Technik und bat ihn, sie so lange zu wiederholen, bis er sie perfekt könne. Drei Monate später hatte ihm der Großmeister noch immer keine andere Technik beigebracht, sondern bestand darauf, dass der Junge weiter die gleiche Bewegung übte, die er ihm in der ersten Stunde beigebracht hatte.

"Können wir nicht etwas Neues probieren?", fragte der Junge. "Es gibt so viele unterschiedliche Techniken im Judo und ich habe erst eine gelernt!" Aber der Meister blieb felsenfest und bestand darauf, dass der Junge die gleiche Bewegung weiter übe. Das verstand der Junge nicht ganz, aber er vertraute seinem Lehrer und übte weiter.

Einige Monate später nahm der Großmeister den Jungen mit zu seinem ersten Wettkampf. Zu seiner Überraschung gewann er nur mit dieser einen, einzigen Technik seine ersten beiden Kämpfe mit Leichtigkeit. Der dritte Kampf war ein wenig härter, aber nach einer Weile verlor sein Gegner die Geduld und griff ihn an. Geschickt setzte der Junge seine Technik ein und gewann den Kampf. Ungläubig sah der Junge seinen Lehrer an und stellte erstaunt fest, dass er in der Endrunde war.

Sein Gegner in der letzten Runde war sehr viel größer und stärker als er selbst. Der Junge war sich sicher, dass er nicht gewinnen könne, doch sein Meister sah ihn aufmunternd an, also zuckte er mit den Schultern und ging in den Kampf. Er hatte niemals davon geträumt, so weit zu kommen, was also hatte er zu verlieren?

Der Kampf war lang und anstrengend. Der Gegner zeigte keine Anzeichen von Ermüdung. Doch auch der Junge machte weiter und wartete auf den Moment, an dem der andere seine Abwehr vernachlässigte, damit er seine Technik einsetzen konnte. Am Ende war es soweit — nur für einen Moment, aber dieser Moment reichte aus. Der Junge benutzte seine Technik, um seinen Gegner zu Boden zu bringen und gewann das Spiel und damit auch den Wettkampf. Er war Champion!

Ungläubig rannte der Junge zu seinem Meister. "Großmeister, wie ist es möglich, dass ich den Wettkampf gewonnen habe, wo ich doch nur eine Technik kann?"

"Ganz einfach", antwortete der Großmeister. "Du kannst einen der schwierigsten Judowürfe perfekt. Die einzig bekannte Möglichkeit, diesen Wurf abzuwehren, ist die, deinen linken Arm zu greifen."

Kann ein Farbiger Präsident der Vereinigten Staaten werden? Kann eine bekennende Lesbierin die meistgesehendste Talkshow moderieren? Kann ein gewaltfreier, asketischer Liberaler eine Nation von einer imperialen Herrschaft befreien? Kann ein Mann mit schwerer Paralyse die wissenschaftlichen Geister mehr inspirieren als jeder andere seit Einstein? Kann ein Mensch, der taub ist, ein Konzert schreiben? Natürlich können sie es. Also warum sollten Sie nicht Ihre sich selbst auferlegten Beschränkungen überwinden können? Wir sind umringt von Menschen, die über das Mittelmaß hinauswuchsen, selbst wenn sie gute Gründe dafür hatten, es nicht zu tun. In unseren Herzen steckt Leidenschaft, und wenn wir bereit sind, gegen unsere Gewohnheiten anzugehen und uns durch unsere Ängste zu kämpfen, ist nichts unüberwindbar. Alles scheint möglich zu sein und unsere Träume beginnen, Wirklichkeit zu werden. Wenn wir unsere Träume erschaffen, werden wir grenzenlos.

Zum Nachdenken

In welchem Bereich Ihres Lebens sind Sie besonders bequem? Wo halten Sie sich zurück und ziehen es vor, nichts zu tun, anstatt für Aufruhr zu sorgen? Übertriebene Bequemlichkeit kann sich als körperliche Trägheit manifestieren oder in den Drang, übermäßig viel zu essen. Es kann zur allgemeinen Weigerung werden, Eigeninitiative zu ergreifen oder sich zu verändern, oder, subtiler noch, zur ständigen Vermeidung von Auseinandersetzungen, Intimität oder Situationen führen, die tiefe Gefühle wecken. Beobachten Sie die Bequemzonen Ihres Lebens und beginnen Sie damit, sie zu bekämpfen. Kommen Sie aus dieser Komfortzone so weit wie möglich heraus. Gehen Sie auf Menschen zu, in deren Gegenwart Sie sich unwohl oder unsicher fühlen und sagen Sie ihnen das. Prüfen Sie dann, wie Sie sich fühlen. Versuchen Sie etwas Neues. Gehen Sie Risiken ein. Wagen Sie es, unbequem zu sein.

Sie werden schnell merken, dass jegliche Selbstaufgabe, ungeachtet dessen, wie "bequem" sie erscheint, immer unbefriedigend ist. Sie macht Sie lustlos, uninspiriert und unzufrieden mit sich selbst. Gerade heraus und ehrlich zu sein, die Eigeninitiative zu übernehmen, sich selbst anzutreiben, um weiterzukommen und für Ihre Vorstellungen zu kämpfen, die Sie über und von sich selbst haben, mag Ihnen manchmal unbequem vorkommen, ist aber unendlich erfüllender.

Kapitel 3

Illusion Nr. 3: Ich habe nicht genug

GLAUBE: *Mir fehlt etwas. Ich muss so viel nehmen, wie ich bekommen kann.*

WIRKLICHKEIT: *Wir haben alles, was immer wir wollen oder brauchen.*

Der Gedanke, dass wir etwas brauchen, was wir im Augenblick nicht haben, ist die Wurzel unserer Unzufriedenheit. Wir sind niemals für nur einen Moment völlig zufrieden. Selbst wenn wir alles erreicht haben, was wir jemals wollten, fühlt es sich so an, als würde noch etwas fehlen. Warum? Weil wir tief in unserem Innersten das Gefühl haben, dass wir etwas entbehren und dass wir noch irgendetwas brauchen. Und wir sind so daran gewöhnt, auf dieses Irgendetwas zu warten, dass nichts jemals genug ist. Unzufrieden zu sein wurde fast schon zu einer Lebensangewohnheit der Neuzeit. Das gilt sowohl für die Reichen als auch für die Armen, für die Einzelgänger wie für die Herdenmenschen unter uns.

Wie können wir diesen Teufelskreis unerfüllter Sehnsucht durchbrechen?

Viele spirituelle Traditionen sehen diese Sehnsucht als kontraproduktiv an, als etwas, das es zu überwinden gilt, wenn wir uns verwirklichen wollen. Andere Denkrichtungen, wie beispielsweise beim Positiven Denken, betrachten die Erfüllung unserer Träume als Ziel der spirituellen Arbeit. Ich schlage einen alternativen Ansatz vor: Nehmen Sie Ihre Wünsche freudig an, dann können Sie sie durchschauen.

Wenn wir einen Wunsch verleugnen, wird er größer. Wir alle wissen, dass wir sofort an einen Elefanten denken, wenn man uns sagt, wir sollten es nicht tun. Genauso geht es uns, wenn wir Lust auf ein Stück Schokoladenkuchen haben, aber meinen, wir sollten keins essen. Dann taucht immer wieder ein Stück Schokoladenkuchen vor unserem geistigen Auge auf. Aber es stimmt natürlich auch, dass wir lernen müssen, die wankelmütigen Launen unseres Geistes zu überwinden, wenn wir innere Erfüllung erfahren wollen, weil wir sonst ständig durch einen endlosen Kreislauf aus Hochs und Tiefs, Erfolgen und Enttäuschungen, Siegen und Niederlagen schwanken.

Spirituelle Verwirklichung ist der größte Herzenswunsch. So wie ein Erwachsener kein Interesse mehr an Spielzeugen hat, die ein Kleinkind faszinierend findet, verblassen andere Wünsche, sobald man einen Vorgeschmack des Bewusstseins von Liebe bekommen hat. Daher befreien wir uns nicht von unseren Wünschen, indem wir sie leugnen, sondern indem wir unseren wahrsten, reinsten Wunsch erkennen. Sobald wir das tun, verlieren die zwanghaften, sehnsüchtigen Bedürfnisse nach äußerlicher Befriedigung ganz von alleine ihre Macht.

Unsere Wünsche sind geprägt von den Erinnerungen, die in unserem Unterbewusstsein gespeichert sind. Frauen, die sich immer wieder in Beziehungen wiederfinden, in denen sie misshandelt werden, stammen oft aus gewalttätigen Familien und verbinden Missbrauch mit Liebe. Natürlich suchen sie sich diese Beziehungen nicht bewusst aus, aber das Trauma der vergangenen Erlebnisse beeinflusst ihre Partnerwahl. Möglicherweise suchen wir in einem Partner Dinge, die uns an Mutterliebe gefehlt haben. Der Wunsch nach persönlichem Reichtum könnte darin begründet sein, dass wir uns weniger reich als viele unserer Schulfreunde gefühlt haben, oder wir wollen es jemandem beweisen, zu dem wir immer aufgesehen oder den wir sogar beneidet haben. Natürlich sind das nur Beispiele und jede unserer Geschichten ist einzigartig und anders, aber wichtig ist hier, dass wir verstehen, dass unsere Wünsche nicht verstandesmäßig begründet sind und deshalb auch nicht mit dem Verstand ausgeschaltet werden können. Jeder Versuch, unsere Wünsche auf intellektuellem Weg loszuwerden, wird daher unweigerlich dazu führen, dass wir sie leugnen. Selbst wenn wir verstandesmäßig loslassen wollen, steuert uns das Unterstützungssystem unserer persönlichen Matrix von einer tieferen Ebene aus. Wir können uns davon überzeugen, dass wir dieses neue Auto nicht wirklich brauchen, dass wir es schnell satt haben werden und dann auf ein neueres Modell scharf sind, aber selbst wenn wir das verstandesmäßig begriffen haben, kommt das Bedürfnis, das diesen Wunsch hervorbringt, nicht vom Verstand, sondern aus einer tieferen Region, von einer Stelle, an der wir uns unvollständig fühlen und meinen, dass uns etwas fehlt. Selbst wenn wir dem Wunsch nicht erliegen, bleibt das Verlangen und beeinflusst unser Leben auf Wegen, die uns möglicherweise gar nicht bewusst sind und sich als weitere Wünsche, Gefühle des Mangels, Bedürftigkeiten oder Besessenheiten offenbaren.

Das wird in extremen Situationen deutlicher, beispielsweise beim Substanzmissbrauch. Ein Alkoholiker kann sich darüber im Klaren sein, wie sehr ihm und seinen Angehörigen seine Angewohnheit schadet und trotzdem weiter das gleiche, zerstörerische Verhalten wählen. Warum? Obwohl er sich der Konsequenzen bewusst ist, hat er unterbewusst das Gefühl, dass er es nicht besser verdient hat und genau hier liegt seine tiefere Sucht: nach Leid und Schuldgefühlen, ein emotionaler Angriff, der gegenüber dem Verstand gewinnt. Er kann sich mit dem Verstand an seine Verantwortung erinnern und daran, wie schlecht er sich am nächsten Tag fühlen wird, aber das Bedürfnis, zu leiden und sich selbst zu zerstören ist so stark, dass es oft gewinnt. Das Bewusstsein von Liebe ist stärker als unsere unbewussten Programme. Werden die Schwingungen der Liebe angehoben, beginnt das Licht unseres Bewusstseins heller zu leuchten und die Schatten unserer Obsessionen, Ängste und Lasten beginnen sich aufzulösen. Wir erhöhen unser Bewusstsein weiter, Stück für Stück, bis die Schwingung stärker wird als die Programmierung. Wir haben dann nicht länger das Gefühl, dass uns etwas fehlt, denn jetzt ist die Situation genau umgekehrt. Der Verstand hat keine Kontrolle mehr. Er wird zum Diener des Bewusstseins von Liebe, ein Werkzeug, mit dem das Liebes-Bewusstsein mit der Welt kommunizieren kann.

Wenn Sie selbst von einem Wunsch besessen sind, von etwas, ohne das Sie sich nicht vollständig fühlen, dann halten Sie einen Moment inne. Schließen Sie Ihre Augen und wenden Sie Ihre Aufmerksamkeit nach innen. Fragen Sie sich selbst: *"Was fehlt mir in diesem Moment?"* Richten Sie Ihre Aufmerksamkeit völlig in die Gegenwart und erleben Sie diesen Moment und die Gefühle, die er mitbringt, in all ihrer Intensität. Gehen Sie tiefer, unter Ihre Gedanken und Gefühle: Was versteckt sich hier? Sie können es vielleicht nicht von Anfang an fühlen, aber sobald Sie sich angewöhnt haben, Ihre Aufmerksamkeit auf die Ebene unterhalb der oberflächlichen Wahrnehmung zu richten, werden Sie die freudige Fülle des Seins entdecken, die immer da und immer vollständig ist. Die Erfahrung mit dem Bewusstsein von Liebe ist so tiefgreifend und erfüllend, dass Sie bald süchtig danach werden, denn Sie werden feststellen, dass sie das einzige ist, das Sie vollständig machen kann. Das ist die beste Sucht, die Sie haben können, denn sie erzeugt kein Verlangen und die Vorräte gehen nie zur Neige.

Es ist ganz in Ordnung, Wünsche zu haben. Der Trick besteht darin, *sich Dinge ohne Anhaftung zu wünschen*. Was wirklich zählt, ist, dass Sie im Jetzt sind. Seien Sie im Hier und Jetzt, und seien Sie bereit, die Vorstellungen davon loszulassen, wie die Dinge aussehen müssen. Wenn Sie sich auf das Sein konzentrieren anstatt auf das Haben, auf das Erleben dieses Moments in vollen Zügen anstatt auf das Objekt Ihrer Wünsche, kommt alles. Es kommt von selbst.

Zuvor hatten die Dinge für mich auf eine ganz bestimmte Art auszusehen. Um Freude zu spüren, musste etwas Bestimmtes von außen kommen: Anerkennung, materieller Gewinn, zärtliche Zuneigung, Aufmerksamkeit. Ich musste gewinnen: Ich musste bei allem, was ich tat, die Beste sein. Wenn nicht, hatte ich keine Freude. Nun hat sich das geändert, und wissen Sie, was damit ebenfalls verschwand? Das Leiden. Das bedeutet nicht, dass ich keine Ziele oder Pläne habe, es bedeutet nur, dass meine Erfüllung nicht mehr davon abhängig ist, wie die Dinge ausgehen. Nun bringe ich all meine Leidenschaft in das ein, womit ich mich gerade beschäftige, aber wenn etwas nicht so ausgeht, wie ich es geplant habe, leide ich nicht länger.

Die Welt, in der wir leben, war dazu gedacht, dass wir sie lieben. Sie ist für uns erschaffen worden, damit wir sie in vollen Zügen erleben, und zwar auf unsere eigene, einzigartige und perfekte Art und Weise. Lassen Sie uns das Leben feiern, erforschen Sie Ihre Träume und Hoffnungen, aber pflegen Sie gleichzeitig die innere Kenntnis dessen, was Sie über diese Träume hinaus führt, um einen Platz der Stabilität und Selbstannahme zu schaffen, von dem aus wir beobachten können, wie sich die Magie des Lebens entfaltet.

Bedürftigkeit innerhalb von Beziehungen

Haben Sie schon einmal bemerkt, dass viele von uns innerhalb einer Beziehung ständig das Bedürfnis haben, ihren Partner zu testen? Es hängt dabei nicht davon ab, was wir von diesem Partner bekommen, wir wollen immer mehr: mehr Zusammengehörigkeitsgefühl, mehr Liebe, mehr Zuneigung — nichts scheint jemals genug zu sein. Auch diese Neigung entstammt einem tiefen Gefühl von Mangel und dem Gefühl, nicht liebenswert zu sein. Und wenn unsere Partner ständig daran scheitern, unsere sich ständig wechselnden Bedürfnisse zu erfüllen, ärgern wir uns über die Realität, die wir erschaffen haben. Anstatt sie zu loben, zu preisen und zu lieben, beschweren wir uns dauernd über das, was fehlt.

Das passiert uns nicht nur mit unseren Partnern, sondern auch mit unseren Chefs, Kollegen, Freunden und Verwandten. Die Wurzel der Enttäuschung ist in allen Beziehungen die gleiche: Wir tun nichts bedingungslos, sondern wir agieren, um Zustimmung oder eine Vergütung zu erhalten. Das ist vertraglich festgelegte Liebe. Anstatt etwas zu geben, sehen wir zu, dass wir etwas bekommen. Wie können wir dieses Problem lösen? Indem wir unsere Wahrnehmung umkehren.

Ich bin, was ich gebe, nicht, was ich nehme.

Sobald ich zur Quelle von Freude und Liebe werde, gebe ich im Umgang mit anderen nur noch. Ich brauche dafür keine Bestätigung, denn ich bin liebenswert. Wenn ich damit anfange, Anerkennung zu verschenken, wenn ich damit anfange, andere wertzuschätzen, wenn ich zur Quelle der Liebe werde und meine Verwirklichung im Inneren finde, in jedem Moment an meinen Verhaltensweisen und Einstellungen arbeite, werde ich ein fröhliches Wesen, ein glückliches Wesen, ein Wesen, das andere dazu inspiriert, mehr zu geben und mehr zu schaffen. In der Konsequenz wachse ich über das Gefühl von Mangel hinaus und spüre Fülle, die ich mit anderen teilen will. Und so gebe ich freudig, gebe und gebe.

Konzentrieren Sie sich nicht darauf, was fehlt — konzentrieren Sie sich darauf, was Sie geben können — wo Sie loben können, wo Sie lieben können. Das wird Ihr Wesen zu einem Ort der Freude erheben.

Ich bin, was ich gebe, und nicht, was ich nehme.

Was die Herzen der anderen belebt, lässt auch Sie leuchten. Vielleicht finden Sie die Leidenschaft Ihres Lebens, indem Sie an einer kalten Straßenecke Suppe ausgeben. Oder indem Sie den Abfall am Straßenrand beseitigen, jemandem in Not helfen oder indem Sie einfach für jemanden da sind, der einen mitfühlenden Zuhörer braucht. Beginnen Sie mit Ihrer Umgebung und schon bald werden Sie, wohin Sie auch sehen, Möglichkeiten finden, etwas zu geben.

Das Bewusstsein von Liebe gibt mit ansteckender Begeisterung - es funkelt und beflügelt. Das ist ein großer Unterschied zu der Art zu geben, von der wir denken, dass wir dazu verpflichtet sind, weil es die Gesellschaft von uns erwartet. Geben kommt von Freude, davon, dass wir eine Einheit wahrnehmen: *Ich bin das, darum gebe ich auch das. Ich erkenne, wo ich dienen kann, wo ich mehr sein kann, wie ich anderen mehr geben kann.* Ich gebe aus der Position der Vollendung, nicht aus dem Bedürfnis nach Anerkennung heraus.

Es spielt keine Rolle, was Sie geben, solange Sie geben. Als ich noch ein Kind war, füllte ich immer ein altes Fass mit Wasser und Rosenblättern und bereitete etwas zu, von dem ich dachte, es wäre das süßeste Rosenparfüm für meine Mutter. In Wirklichkeit rochen die eingeweichten alten Blätter vermutlich nach nichts und das abgestandene Wasser wäre eher etwas für Kaulquappen gewesen, aber meine Mutter nahm das "Parfüm" immer mit Vergnügen an! Es war das Schenken, das unsere

Herzen verband, nicht das Geschenk. Das ist die wahre Natur des Gebens: wie ein Kind, spontan und mit Freude.

GEBEN UND NEHMEN

Die Diskrepanz zwischen dem, was wir denken, dass wir geben und dem, wie viel wir denken, dass wir davon wiederbekommen, ist oft die Ursache von Beziehungskonflikten. Es gibt meistens immer jemanden, der gibt und gibt und dann enttäuscht ist, wenn nichts zurückkommt. Und es gibt andere, die nehmen und nehmen und nehmen, aber nicht wirklich wertschätzen können, was sie da bekommen. So entsteht Groll und was zunächst noch eine leidenschaftliche und engagierte Beziehung war, beginnt zu kriseln und kommt zu einem abrupten und unerwarteten Stillstand. In manchen Fällen halten die Menschen diesen Groll jahrelang aus und die Liste der gegenseitigen Vorwürfe wird bei beiden dick wie ein Telefonbuch.

Diejenigen, die geben, weil sie im Gegenzug etwas bekommen wollen, geben mit Berechnung. Letztlich fühlen sie, dass sie keine Liebe verdienen - dieses alte, vergessene Gefühl liegt noch immer tief im Inneren, versteckt im Groll und verlangt nach Strafe.

Auf der anderen Seite der Gleichung sind diejenigen, die nicht geben können, sondern nur von anderen nehmen. Für sie ist niemals etwas genug. Sie sind nie zufrieden. Sie nehmen, aber sie nehmen nichts an.

Beide Seiten müssen die Liebe in sich finden und sobald sie die Liebe entdecken, verschwindet die Angst vor dem Geben. Damit geht auch die Angst, etwas anzunehmen. Dann kann ein neuer Kreislauf beginnen, einer, der mit Geben beginnt und immer gibt, bedingungslos. Als Folge davon beginnt auch das wahre Annehmen. Alles kommt zu den beiden, fließt in einem ewigen Kreislauf grenzenloser, bedingungsloser Liebe, die nur fließen und teilen will.

Wenn Sie sich darauf konzentrieren, aus der endlosen Quelle der Liebe in Ihnen bedingungslos zu geben, werden Sie feststellen, dass sich Ihr Gefühl nicht verringert und Ihre Liebe niemals versiegt. Aus dieser reinen, unbeschränkten Form des Gebens — einem Geben, das vom Heilen kommt, aus einer vollständigen, freudvollen Gegenwart, nicht aus Verwicklungen der Vergangenheit, noch immer schreiend und tretend wegen der Ungemach, die man erlitten hat — werden Sie merken, dass Sie beim Geben nichts verlieren, dass Sie in Wahrheit sich selbst etwas schenken, wenn Sie aus tiefstem Herzen geben.

Zum Nachdenken

- In welchem Bereich oder in welchen Bereichen Ihres Lebens möchten Sie immer mehr? Es könnte sich dabei um Essen handeln, um Alkohol oder Drogen, modische Kleidung, ausgefallene Autos, Geld, Liebe, mehr Anerkennung oder Verwirklichung bei der Arbeit. Wenn Sie sich dieser Bereiche bewusst werden, können Sie damit beginnen, deren Macht auszuschalten: Sobald Sie spüren, dass Sie nach außen gezogen werden und dass Sie sich nicht mehr auf sich selbst konzentrieren sondern auf das Objekt Ihrer Begierde, kehren Sie diese energetische Bewegung um und richten Sie Ihre Aufmerksamkeit auf Ihr Innerstes. Schließen Sie Ihre Augen, richten Sie Ihr Bewusstsein auf Ihr Herz und fragen Sie sich, was Sie in diesem Moment fühlen. Wenn Sie gerade ein Verlangen nach etwas haben, sind Gefühle wie Mangel, Angst oder innere Leere, die dieses Verlangen schüren, offensichtlicher als sonst, vorausgesetzt, Sie nehmen sich die Zeit, in sich zu gehen und darauf zu achten. Wenn Sie das immer dann tun, wenn Sie das Bedürfnis nach etwas haben, werden Sie bald diese Wurzel Ihres Verlangens verlieren.

- Sobald Sie sich das nächste Mal von jemand anderem etwas ersehnen, geben Sie ihm das stattdessen. Haben Sie das Gefühl, Ihr Chef erkennt Ihre Arbeit nicht an? Loben Sie Ihren Chef oder einen anderen Mitarbeiter, sobald sie etwas tun, was Ihre Arbeit erleichtert. Haben Sie den Eindruck, dass sich Ihr Partner Ihnen gegenüber nicht öffnet? Zeigen Sie sich selbst verletzlicher. Wenn Sie das geben, von dem Sie denken, dass es Ihnen fehlt, werden Sie sich der unerschöpflichen Quelle (von Anerkennung, Aufmerksamkeit, Liebe, Unterstützung) bewusst, die in Ihnen liegt. Von diesem Moment an beginnen Sie, weniger von Dingen abhängig zu sein, die aus einer Quelle außerhalb von Ihnen stammen.

- Wann haben Sie das letzte Mal etwas gegeben, ohne im Gegenzug etwas zu erwarten? Überlegen Sie sich Möglichkeiten, in denen Sie in dieser Woche selbstlos etwas geben können — den Müll in Ihrer Nachbarschaft beseitigen, in einem örtlichen Tierheim aushelfen, die Schränke reinigen oder Lebensmittel an ein Obdachlosenheim verschenken. Machen Sie dann mindestens eins dieser Dinge. Achten Sie danach darauf, wie Sie sich fühlen: Möglicherweise haben Sie den Eindruck, dass Sie mehr gewonnen als gegeben haben.

Kapitel 4

Illusion Nr. 4: Wenn ich nichts tue, mache ich auch keine Fehler

GLAUBE: *Ich ziehe es vor, mich zurückzulehnen, wenn etwas getan werden muss, dann gehe ich auch nicht das Risiko ein, einen Fehler zu machen. Wenn ich nichts tue, werden sich die Dinge schon irgendwie regeln.*

WIRKLICHKEIT: *Stärke resultiert in unserem Leben nur aus Handlungen.*

Viele Menschen ziehen es in ihrem Leben vor, herumzusitzen und nichts zu tun anstatt zu handeln. Sie vermeiden es, Verantwortung zu übernehmen. Sie wollen keine Entscheidungen treffen. Sie bevorzugen es, blind in eine Zukunft geführt zu werden, in der sie mit nichts und niemand konfrontiert werden, in eine Zukunft, von der sie denken, dass sie ohnehin zu Groll und Enttäuschung führt. Ihre Passivität spiegelt die fehlende Leidenschaft in ihrem Leben wieder - und erhält sie aufrecht.

Einige bleiben jahrzehntelang in Jobs, die sie nicht ausfüllen, und beklagen sich Abend für Abend darüber, wie sehr sie ihren Chef hassen und wie erniedrigend die Arbeit ist. Andere bleiben in gewalttätigen Beziehungen, halten Schläge und Beschimpfungen jahrelang aus und glauben, das sei ihr Los in diesem Leben. Und Millionen Menschen im Abendland werden immer dicker, sehen fern, während sie gedankenlos ungesundes Essen in sich hineinstopfen. Sie werden immer kurzatmiger, ihr

Blutdruck steigt, ihre Gelenke versagen und verursachen chronische Schmerzen. Sie haben völlig vergessen, wie viel Freude Bewegung bringt. Und noch immer hängen sie passiv herum.

Natürlich sind das extreme Beispiele. Viel häufiger gibt es Menschen, die in ihrem Leben ein gewisses Maß an Bequemlichkeit erreicht haben und daher ihre früheren Träume und Leidenschaften nicht mehr verfolgen. Das erinnert mich an eine Freundin. Sie hatte eine der außergewöhnlichsten Stimmen, die ich je gehört und eins der schönsten Gesichter, das ich jemals gesehen hatte. Sie hatte die Persönlichkeit, das Aussehen und das Talent eines geborenen Stars und träumte davon, eine weltberühmte Sängerin zu werden. Sie hatte sogar die Chance, in der Mitte der 1970-er Jahre als Background-Sängerin für einen der damals erfolgreichsten Sänger und Songwriter dieser Zeit durch die Welt zu touren. Als sie zurückkam, war sie vom Starruhm vergiftet, daher ließ sie alle weiteren Gelegenheiten vorübergehen: Anstatt ihr unglaubliches Geschenk freudig anzunehmen, tat sie alles Mögliche, um es zu zerstören. Sie hatte wenig Selbstwertgefühl und versuchte das durch extreme Abhängigkeiten zu überspielen. Sie trank viel, konsumierte eine Unmenge Drogen und rauchte, bis sie ihre Stimme komplett ruiniert hatte. Anstatt ihr Ziel leidenschaftlich zu verfolgen, entschied sie sich dazu, zuhause zu bleiben und zu trinken und verschwendete viele Stunden an Spielautomaten. Als sie eines Abends von einem Trinkgelage nach Hause fuhr, fiel sie von ihrem Rad und verletzte sich schwer im Gesicht. Sie hatte nie daran geglaubt, dass sie das, was sie hatte, überhaupt verdient hätte und anstatt Größe zu erzielen, verharrte sie bequem in der Rolle eines Versagers.

Passivität kann sich auch darin zeigen, dass wir die unerwarteten Straßensperren des Lebens einfach akzeptieren und nicht versuchen, eine Umleitung zum Ziel zu finden. In solchen Situationen ist es hilfreich, sich an das Sprichwort "Wo ein Wille ist, ist auch ein Weg" zu erinnern. Ein perfektes Beispiel dafür, wie wichtig das in solchen Zeiten ist,   geschah kürzlich während meiner ersten Tour durch Europa.

Während wir Amsterdam besuchten, gab es ein riesiges Chaos, denn ein Vulkan in Island war ausgebrochen und es hing eine Aschewolke über fast ganz Europa. Hunderte von Flügen wurden storniert und tausende von Touristen saßen plötzlich fest. Es sah so aus, als könnten wir niemals zu unserem nächsten Reiseziel kommen — Wien, wo wir die legendären Lipizzaner Hengste der spanischen Hofreitschule besuchen wollten, ein Traum, den ich schon seit meiner frühesten Kindheit hatte. Nach vielen Jonglierversuchen und Rückfragen gelang es einem Mitarbeiter des Flughafenservice, uns eine komplizierte Route mit vielen Änderungen zusammenzustellen, die uns rechtzeitig zu unserem Ziel bringen würde. Alles lief wie geplant, aber wir hatten nicht damit gerechnet (unsere Kenntnisse in Bezug auf Vulkanausbrüche waren zu dieser Zeit noch minimal), dass auch der nächste Halt auf unserer Reise von der Aschewolke betroffen sein würde, die auch weiterhin den Himmel verdunkelte.

Es war nämlich noch viel wichtiger, zu unserer nächsten Station zu kommen: Ich hatte ein Live-Interview mit der CNN in Madrid — und wir mussten eine viel größere Strecke zurücklegen. Das Hauptproblem war jedoch nicht die Entfernung, sondern dass wir, nachdem wir die Schweiz überquert hatten, durch Frankreich fahren mussten. Der immerwährende französische Bahnstreik tat sein Übriges - eine Kleinigkeit wie eine riesige Aschewolke war nicht überzeugend genug, den Streik abzublasen, obwohl sie eine beispiellose Nachfrage nach Bahnreisen bescherte. Unsere Reise ging über Lyon und danach nach Nimes und verlor sich dann in einer Reihe von möglichen Routen, die von dem sprunghaften Temperament der streikenden Mitarbeiter und der ständig wechselnden Fahrpläne der überfüllten Züge abhängen würde.

Wir mussten uns abhetzen, um einen Zug in Lyon zu erreichen. Er war so voll, dass wir keinen Sitzplatz fanden und mussten uns zu den fünfzehn anderen gesellen, die beengt zwischen dem WC und der Wagentür auf ihren Gepäckstücken saßen, und drückten uns höflich an die Seite, damit die anderen Passagiere auf Zehenspitzen an uns vorbei zur Toilette konnten. Als wir endlich in Nimes angekommen waren, fanden wir uns auch in der nächsten Bahn in einem ähnlich zum Bersten gefüllten Wagen wieder, der mit jedem Tokioter U-Bahn-Waggon hätte konkurrieren können. Schließlich fanden wir uns in Perpignan wieder, wo wir mit allen anderen Touristen wie nach der Melodie des Rattenfängers von Hameln durch die Stadt von einer Station zur anderen latschten, nur um feststellen zu müssen, dass für den Rest des Tages kein einziger Zug mehr auch nur in die Nähe von Spanien ging.

Wir waren noch 500 Meilen von Madrid entfernt, aber fest entschlossen, rechtzeitig zum Interview da zu sein, daher gaben wir auf und nahmen ein Taxi. Wir hatten unser Interview und ungeachtet der Kosten und Mühe war der Rest unseres Spanienbesuchs einfach herrlich.

Ein Jahr später begann ein anderer Vulkan Asche zu spucken. Dieses Mal war es etwas näher bei uns, nämlich in Chile. Dieser Ausbruch fiel mit unserer Reise von Mexiko zu einem Seminar in Buenos Aires, Argentinien zusammen. Als wir in Chile ankamen, wurde unser Anschlussflug abgesagt und nachdem wir ein paar Stunden gewartet und darauf gehofft hatten, dass wir einen anderen Flug nehmen können, entschieden wir uns dafür, es mit der Landroute zu versuchen, solange wir noch die Möglichkeit hatten, unsere Veranstaltung rechtzeitig zu erreichen. Ein Freund fuhr uns vom Flughafen an die argentinische Grenze, von wo aus wir zu Fuß durch die herrlich schneebedeckten Gipfel liefen und fasziniert von der magischen Schönheit der Anden die Kälte vergaßen. Auf der anderen Seite trafen wir auf einen weiteren Freund, der uns abholte und uns zur nahegelegenen Stadt Mendoza brachte. Wir kamen auf dem Flughafen von Mendoza an, mussten dort aber feststellen, dass der Flug nach Buenos Aires abgesagt worden war. Wieder einmal sprangen wir in ein Taxi, um die weiteren 700 Meilen zurückzulegen. Das Seminar sollte am nächsten Morgen um zehn Uhr beginnen. Wir kamen um neun Uhr an und hatten gerade noch Zeit für eine Dusche, bevor die Veranstaltung anfing. Drei Tage später sind wir auf die gleiche Weise zurückgereist, denn die Aschewolke war noch immer nicht verschwunden.

Hätten wir unter diesen Umständen die Beschränkungen unserer Reisen hingenommen, wären wir dort stecken geblieben, wo wir nicht sein wollten, hätten wegen unserer vereitelten Pläne Trübsal geblasen und tausende von Menschen enttäuscht, die sich angemeldet hatten, um von mir das Isha System zu lernen - ganz zu schweigen von dem tollen Erlebnis, das wir verpasst hätten. Wenn wir freudig annehmen, was uns das Leben bringt und die Situation in die Hand nehmen, um sie zu ändern, können wir viel Spaß dabei haben, selbst wenn die Reise länger dauert als erwartet!

PASSIVITÄT IM VERGLEICH ZU HINGABE

Ein Meister reiste mit einem seiner Schüler durch die Wüste. Als die Nacht kam, hielten sie an und bauten ihr Zelt auf. Die Aufgabe des Schülers war, das Kamel anzubinden, aber er kümmerte sich nicht darum und ließ das Kamel ungebunden vor dem Zelt stehen. Er setzte sich hin, um zu meditieren und sagte dem Universum: "Ich vertraue darauf, dass alles perfekt ist. Du passt auf das Kamel auf!" Sprach's und schlief ein.

Als er am nächsten Morgen erwachte, war das Kamel nirgends zu sehen. Möglicherweise hatte es jemand gestohlen, vielleicht war es davongerannt — alles Mögliche hatte mit ihm passieren können!

Der Meister fragte seinen Schüler: "Was ist passiert? Wo ist das Kamel?!"

"Ich weiß es nicht", antwortete der Schüler. "Fragen Sie das Universum — ich habe ihm ganz klar gesagt, es soll an meiner Stelle auf das Kamel achtgeben. Sie sagen mir immer, dass ich auf die Vollkommenheit des Universums vertrauen soll, und genau das habe ich getan. Dafür können Sie mich nicht tadeln!

Der Meister sagte: "Vertraue dem Universum, aber binde zuerst dein Kamel an!"

Wenn Sie den Weg des Erwachens wählen, verwechseln Sie Hingabe nicht mit Untätigkeit. Den Moment freudig annehmen und akzeptieren, was kommt, bedeutet keinesfalls, nur herumzusitzen und darauf zu warten, dass die Dinge vom Himmel fallen. So funktioniert das Leben nicht. Sie müssen die Dinge schon in Bewegung setzen. Nur abzuhängen und zu warten, erzeugt Trägheit und Stillstand. Viele Menschen bleiben in der Passivität. Und wenn dann nichts passiert, fühlen sie sich wie Opfer, weil ihre Erwartungen nicht erfüllt wurden.

Hingabe und Passivität sind Welten voneinander entfernt. Hingabe ist aktives Vertrauen in die kreative Kraft des Universums. Sie umarmt den Moment mit Freude, bejubelt seine Fülle. Hingabe ist lebendig, aktiv, engagiert und voller Vertrauen. Passivität ist selbstzufrieden, desillusioniert, verärgert und unzufrieden. Hingabe resultiert aus Liebe und Vertrauen, während Passivität aus Bitterkeit und Enttäuschung stammt. Sie lässt nicht los und fließt nicht mit dem, was kommt. Sie kommt von dort, wo auch die Resignation zuhause ist.

Elizabeth, meine Bulldogge, ist ein wundervolles Beispiel für Hingabe an das Leben. Sie stahl mein Herz vom allerersten Moment an, als ich sie in einer Tierhandlung in Chile sah. Sie war ein unterernährter Welpe, körperlich verkümmert und mit Warzen übersät. Das arme Ding war vier Monate lang in einem Käfig gehalten worden und keiner wollte sie kaufen, weil sie für ihr Alter zu klein war. Ich war geschockt, als ich hörte, dass sie schon so lange in diesem Käfig hatte leben müssen und obwohl ich nicht geplant hatte, mir einen anderen Hund zuzulegen (ich hatte bereits sieben!), war es mir unmöglich, ihr zu widerstehen.

Elizabeth hatte, wie alle Hunde, ihr Leben einfach angenommen. Hunde sitzen nicht herum und fragen sich, ob ihr Leben auch anders laufen könnte. Sie haben die angeborene Fähigkeit, ihr Leben ausgelassen zu genießen, ohne es zu hinterfragen. Das ist eine Gabe, von der wir Menschen etwas lernen können. Dieses ganze passive Suhlen verdunkelt unsere Tage und behindert unsere Fähigkeit, wirklich zu genießen, was direkt vor unserer Nase ist. Es vermindert unsere Fähigkeit erheblich, wahres Glück zu finden. Unsere Unfähigkeit, die Schönheit unseres derzeitigen Lebens freudig anzunehmen, verbunden mit der Unlust, Maßnahmen zu ergreifen, um Dinge zu ändern, die nicht funktionieren, bindet uns an die Unzufriedenheit. Aber nicht Elizabeth! Sie nahm alles in Liebe an, und ich glaube, dass genau diese Hingabe sie in mein Leben brachte. Weil sie sich ihrer Lebenssituation in dieser Tierhandlung hingab, erlebt sie nun das andere Extrem: Sie lebt in Saus und Braus, wird angebetet und mit allem verwöhnt, was ihr Herz begehrt. Sie ist der liebevollste und anschmiegsamste Hund, den ich jemals hatte und sie ist überglücklich, wenn sie mit ihren sabbernden Lefzen auf meiner Schulter einschlafen darf.

Wir bekommen in diesem Leben, was wir geben. Wenn wir unangenehmen Umständen mit ohnmächtiger Verbitterung und Tatenlosigkeit begegnen, werden die Umstände nur noch schlimmer. Aber sobald wir lernen, harte Zeiten mit Hingabe und Vertrauen anzunehmen — Vertrauen darauf, dass uns alles zu einer größeren Freiheit bringt, die wir jetzt in ihrer Gesamtheit noch nicht begreifen können —, während wir gleichzeitig Maßnahmen ergreifen, um unsere Situation zu verbessern, können wir vielleicht, nur vielleicht, unser Leiden in die Chance verwandeln, zu wachsen.

Tun Sie, was zu tun ist. Stecken Sie den Kopf nicht in den Sand. Sobald Sie alles getan haben, was Sie können, lassen Sie los und vertrauen Sie dem Universum: Es weiß sehr wohl, was es tut.

Zum Nachdenken

- An welchen Stellen Ihres Lebens sind Sie passiv? Es gibt viele verschiedene Bereiche in unserem Leben, in denen wir uns selbst aufgeben und nicht alles in unserer Macht stehende tun.
- Sprechen Sie ehrlich mit Ihrem Partner oder gleichen Sie sich ihm in Ihren Reaktionen an, um Konflikte zu vermeiden?
- Viele von uns erwarten, dass der Partner weiß, was wir fühlen, auch wenn wir es ihm gar nicht gesagt haben. Und dann sind wir ärgerlich, wenn er unsere Gefühle nicht errät!
- Vermeiden Sie es, Entscheidungen zu treffen aus Angst, einen Fehler zu begehen?
- Es kann sich sicherer anfühlen, passiv zu sein und nichts zu tun, aber wenn Sie die Chancen nicht ergreifen, die Ihnen das Leben bietet, werden sie niemals zufrieden sein. Nehmen Sie das Risiko auf sich — seien Sie bereit, Fehler zu machen! Wenn Ihnen danach das Ergebnis nicht gefällt, wissen Sie ja, was Sie das nächste Mal anders machen können.
- Haben Sie die Angewohnheit, Dinge zu verschieben, die Sie gleich machen könnten oder sollten?

- Das Markenzeichen der Passivität ist der Aufschub. Er kommt daher, dass Sie Ihrer eigenen inneren Stimme nicht trauen. Hören Sie auf Ihr Herz, nicht auf die Zweifel in Ihrem Verstand: Das Herz weiß immer, welche Entscheidung Ihnen mehr Liebe bringt.

Kapitel 5

Illusion Nr. 5: Diskriminierung ist akzeptabel: Manche Leute und manche Dinge sind einfach besser als andere

GLAUBE: *Bestimmte Aspekte dieser Welt sind in gewisser Weise unvollkommen / schlechter oder besser als andere.*

WIRKLICHKEIT: *Die gesamte Schöpfung ist liebenswert.*

Diskriminierung resultiert aus dem Widerstand, alles außerhalb unseres Umkreises freudig anzunehmen. Wir diskriminieren Unbekannte, Menschen, mit denen wir uns nicht identifizieren, Menschen, die eine andere Glaubensrichtung oder andere Ideen verfolgen. Um uns als Individuen zu identifizieren, müssen wir Persönlichkeit haben. Im Rahmen dieser Persönlichkeit gestalten wir auch ein Glaubenssystem, aber sobald wir damit beginnen, uns mit diesem Glaubenssystem zu identifizieren, müssen wir es verteidigen, denn nun definiert es, wer wir sind. Wenn wir uns der Liebe bewusst werden, werden wir merken, dass unsere Glaubenssysteme einfach nur Ideen sind, die wir im Laufe unseres Lebens kultiviert haben. Dann nehmen wir neue Perspektiven freudig und mit einem offenen Herzen an, anstatt sie automatisch abzulehnen. Sobald wir zur Liebe werden, verkörpern wir alles. Wenn wir uns auf unsere Persönlichkeiten und Glaubenssysteme begrenzen, gibt es in unseren Käfigen keinen Platz mehr für etwas anderes.

Wie viele von Ihren Ansichten sind wirklich Ihre? Wenn wir das hinterfragen, stellen wir fest, dass nur sehr wenige unserer

Überzeugungen aus unserer eigenen Erfahrung stammen. Die meisten haben wir für gewöhnlich von unseren Familien und der Gesellschaft übernommen. Was in einem Teil der Welt als richtig gilt, könnte in einem anderen Teil falsch sein. Was eine Generation ablehnt, könnte einer anderen gefallen. In einigen Kulturen ist es illegal, mehrere Ehefrauen zu haben, in anderen ist es ein Zeichen von Wohlstand. Nur weil eine Meinung weit verbreitet ist, muss sie nicht unbedingt richtig sein — es gab eine Zeit, da waren alle der Meinung, dass sich die Sonne um die Erde dreht. Wenn Sie danach suchen, können Sie für so ziemlich jede Ansicht eine Begründung finden. Die Illusion wird immer Ihre Befürchtungen bestätigen, sie arbeitet wie ein unparteiischer Spiegel und reflektiert Ihnen stets, worauf Sie Ihren Fokus gerichtet haben. Wenn Sie sich vor etwas fürchten oder etwas verurteilen, findet sich immer jemand, der Ihre Vorurteile unterstützt und rechtfertigt.

Ein Vorurteil haben bedeutet immer, in den Krieg zu ziehen. Ein Vorurteil haben bedeutet, eine Idee zu verteidigen und Diskriminierung mit der Begründung einer höheren Wertigkeit zu rechtfertigen — *zum Wohle der Menschheit oder Gottes Willen*. "Ismen" sind in den Augen der Selbstgerechten immer "Gutismen".

In der Geschichte haben wir Bomben geworfen, gekämpft und getötet, um unseren Glauben zu schützen. Lassen Sie uns das nicht mehr tun. Jedes Mal, wenn wir für eine Ansicht kämpfen, selbst wenn es innerhalb unserer Familie ist, schaffen wir uns unseren eigenen Kleinkrieg. Die Zwietracht, die wir in der Welt wahrnehmen können, ist nur ein Ausdruck unserer eigenen inneren Gewalt. Sobald wir damit anfangen, die Freude zu wählen, sollten wir auch damit anfangen, die Dualität der Welt und die Unterschiede anderer Menschen in dem Wissen zu lieben, das es nur Aspekte von uns selbst sind. Lassen Sie uns die Leichtigkeit des Lachens finden und für die künftigen Geschichtsbücher eine neue Geschichte schreiben.

Die Natur umfasst mit ihren unendlich vielen Arten, Farben und Formen die Vielfalt. Die Natur leugnet keinen ihrer Aspekte. Die Schönheit der Landschaft liegt in ihrem Kontrast und ihrer Verschiedenheit. Wie die Natur, so feiert auch die Liebe die Schönheit der Vielfalt. Anstatt alles Unterschiedliche als Bedrohung anzusehen, schließt die Liebe niemanden aus.

Alle Aspekte der Schöpfung dienen. Vernichtung führt zur Wiedergeburt. Die Welt tanzt von Qual zur Stille in der Ebbe und Flut der Evolution. Mit jeder Veränderung wird die Welt in einer höheren Schwingung wiedergeboren, sie stärkt die Werte von Freude und Liebe und durchbricht die Dichte der Angst.

Meine Großmutter war immer sehr festgefahren in ihren Ansichten. Sie hatte die Große Depression erlebt und selbst nachdem sie im wirtschaftlich florierenden Australien ein Leben in Fülle leben konnte, war sie an den Gedanken an Mangel gewöhnt. Sie knauserte und sparte und lief glücklich ein paar zusätzliche Kilometer, nur um ein paar Cent für ein Bündel Bananen zu sparen. Ihre Konditionierung bestimmte ihre Handlungen, obwohl sie nie aufgehört hatte, deren Bedeutung für ihre derzeitige Realität infrage zu stellen. Sie handelte automatisch und so waren auch ihre Ansichten und Gedanken.

Weil meine Großmutter zwei Weltkriege miterlebt hatte, war sie voller Vorurteile gegenüber Deutschen und Japanern. In dem Haus, in dem ich aufwuchs, waren unsere unmittelbaren Nachbarn Deutsche. Hinzu kam, dass meine Mutter japanischen Studenten Englisch unterrichtete. Meine Großmutter, die während meiner Kindheit bei uns wohnte, grummelte weiterhin ihre Vorurteile halblaut vor sich hin und hielt ihre Meinung als etwas von großem Wert aufrecht. Interessanterweise beeinflusste ihre Einstellung nicht die Art und Weise, wie sie mit unseren Nachbarn umging. Das Vorurteil war einfach nur eine fixe Idee von ihr. Sie behandelte diese Menschen mit echter Wärme und Akzeptanz, wie sie jeden anderen ebenfalls behandelt hätte, obwohl sie stets darauf bestand, dass die Deutschen und die Japaner schlechte Menschen seien.

Meine Mutter lehnte sich gegen die Vorurteile meiner Großmutter auf und tat alles, um aufgeschlossener zu sein — in religiöser, politischer sowie ethnischer Hinsicht — und bemühte sich sehr, die Minderheiten ihrer Welt zu lehren und ihnen auch sonst behilflich zu sein. Als Reaktion auf die Ansichten Ihrer Eltern könnten möglicherweise auch Sie zu bestimmten Themen das andere Extrem eingenommen haben. Ihre vehement vertretenen Überzeugungen scheinen Ihnen mehr gerechtfertigt als das, was auch immer Sie an Überzeugungen bei Ihren Eltern verurteilt haben, aber so lange Sie eine bestimmte Position einnehmen, diskriminieren Sie noch immer. Sie mögen Dinge angenommen haben, von denen Sie überzeugt sind, dass es weiter entwickelte Überzeugungen sind, aber es sind immer noch Überzeugungen. Wenn Sie für sich selbst beanspruchen, Recht zu haben, dann muss ein anderer falsch liegen, und schon haben Sie ein Vorurteil.

Sind Ihre automatischen Reaktionen tatsächlich Aktionen der Fülle und Liebe, oder entspringen sie einer

Jedes "Nein" baut eine neue Mauer auf, aber jedes "Ja" eröffnet eine neue Möglichkeit.

Programmierung, die Sie isoliert hält und Ihnen nur ermöglicht, die Welt beschränkt wahrzunehmen? Beobachten Sie sich selbst und werden Sie sich dessen bewusst, wo Sie die Welt ausschließen. Jedes "Nein" baut eine neue Mauer auf, aber jedes "Ja" eröffnet eine neue Möglichkeit.

Man kann Diskriminierung bei anderen oft leichter erkennen als bei sich selbst. Vorurteile werden auf der globalen Bühne zu Krieg, Rassismus, religiösem Extremismus und sozialer Ungerechtigkeit vergrößert. Wir können dafür kämpfen, diese Aspekte der Menschheit zu ändern, aber der wirkungsvollste Weg dazu ist, sie in uns selbst zu bemerken und uns im Innersten zu ändern. Sie mögen vielleicht kein Rassist oder Sexist per se sein, aber Sie können Stellen an sich entdecken, wo Sie selbst diskriminieren. Möglicherweise vergleichen Sie Ihren Beruf mit dem eines anderen oder Sie beurteilen den Intelligenzgrad anderer Menschen. Selbst wenn es viel subtiler als offene Unterdrückung ist, ist es dennoch Diskriminierung. Indem wir uns selbst im Innersten davon freimachen, können wir damit anfangen, die Verantwortung für die Dinge in der Welt zu übernehmen, die wir in der Welt ändern möchten. Indem wir unseren Fokus nach innen legen, uns auf uns zurückbesinnen, können wir die Welt von innen heraus ändern.

Zum Nachdenken

In welchen Bereichen sind Sie gegenüber anderen Menschen, Orten oder Dingen voreingenommen? Vielleicht sehen Sie auf Menschen herab, die Ihnen Ihre Einkäufe einpacken oder vielleicht rümpfen Sie Ihre Nase bei bestimmten Lebensmitteln. Auf der anderen Seite stellen Sie möglicherweise gewisse Menschen oder Dinge auf ein Podest und respektieren oder schätzen sie mehr als andere.

Achten Sie tagsüber auf die Gedanken, die Sie haben und beobachten Sie die Bereiche, in denen Sie diskriminieren. Fragen Sie sich: "*Sind das meine Ansichten oder die Ansichten meiner Eltern, Großeltern oder die meiner Kulturgruppe?*" Können Sie sich von diesen Ansichten trennen und Ihr Herz für Dinge öffnen, die Sie bislang ausgeschlossen hatten?

Hinterfragen Sie jeden Aspekt Ihrer Persönlichkeit. Sehen Sie ihn sich an und fragen Sie sich: "*Ist das meine Wahrheit? Bedeutet sie dienen? Oder halten mich diese Vorurteile in einem Käfig gefangen und begrenzen meine Sicht?*"

Seien Sie dabei nicht allzu streng mit sich. Werden Sie sich stattdessen freudig über Ihre Angewohnheiten klar, und erlauben Sie ihnen, wie Wasser zu verdunsten, das sich zu Wolken formt und später als Regen fällt, verwandelt in eine nährende, allumfassende Umarmung der Welt.

Kapitel 6

Illusion Nr. 6: Ich bin allein

GLAUBE: *Ich bin ein kleines, einzelnes Wesen, das von allen anderen getrennt lebt.*

WIRKLICHKEIT: *Wir alle sind eins.*

Überall im Leben sehen wir, dass eins vom anderen getrennt ist. Das beginnt bei der Existenz von einhundert Milliarden verschiedenen Galaxien und geht bis zu den kleinen Quarks und Elektronen auf subatomarer Ebene. Zu diesen separierten Einheiten der Natur fühlen wir uns auch von anderen getrennt, zum Beispiel in der Form, dass wir bestimmte Aspekte unserer Welt als falsch beurteilen. Wir können uns auch von einer ganzen Menschengruppe auf Abstand fühlen, weil sie einem anderen gesellschaftlichen Stand angehören, andere politische Meinungen vertreten, eine andere Nationalität oder Religion haben. Wie können uns auch von einer Einzelperson getrennt fühlen, zum Beispiel einem Elternteil oder Verwandten, einem Kollegen oder jemandem, von dem wir denken, dass er uns in irgendeiner Weise Unrecht getan hat. Wir versuchen dann, diese Person oder diese Gruppe von Menschen zu meiden. Wir distanzieren uns von ihnen, um ihnen dann, auf einer subtileren Ebene, die Schuld für unsere Unzufriedenheit zu geben.

Sobald wir erkennen, dass etwas außerhalb von uns auf Abstand ist, sollten wir nicht aufhören, zu bedenken, dass es auch etwas mit unserem inneren Erleben zu tun haben könnte. Stellen Sie sich einen Augenblick lang vor, dass Ihre Welt ein riesiger Spiegel ist, der alle Ihre Vorlieben und Abneigungen reflektiert.

Dann kommt alles, was Sie bei anderen geringschätzen, in Wirklichkeit aus Ihnen selbst. Anstatt andere zu meiden und ihnen mit Abneigung zu begegnen, sollten Sie damit anfangen, die Verantwortung dafür zu übernehmen und es mit sich abmachen. Ich rede nicht davon, dass Sie sich tadeln oder sich für Ihre Gefühle gegenüber der Außenwelt schuldig fühlen sollen, aber davon, dass Sie in sich gehen und das finden sollen, was Ihnen das Gefühl gibt, von anderen getrennt zu sein.

Wenn Sie etwas erkennen, das von Ihnen abgespalten ist, müssen Sie darauf zugehen. Nur so wird Abstand überwunden: indem man die Lücke überbrückt und näher kommt. Davor wegzulaufen vergrößert die Lücke nur. Sobald man seine Augen verschließt und etwas von außen verleugnet, distanziert man sich von sich selbst. Man verleugnet einen Aspekt in sich selbst und stärkt die Unterscheidung zwischen "ich" und "sie".

Normalerweise trennen wir Dinge oder Personen, von denen wir uns unterscheiden, in unterschiedliche Gruppen, unterschiedliche Parteien, unterschiedliche Vorlieben und Abneigungen. Ein klassisches Beispiel dafür ist die Abspaltung der Kirche von England von der römisch-katholischen Kirche im sechzehnten Jahrhundert, die auf den Streit um die Annullierung der Ehe von Henry VIII und seiner katholischen Frau, Katharina von Aragon, folgte. Das ist ein extremes Beispiel dafür, wie wir Gruppen oder Verbindungen wechseln, um unseren eigenen Weg zu gehen. Durch die fortwährende Abgrenzung verstärken wir den Stempel, den wir uns selbst und denen, die uns bestätigen, aufdrücken. Mit der Zeit werden diese Gruppen immer kleiner, da sie sich in weitere, spezifische Definitionen von "wir" und "uns" zersplittern: Wann immer es eine Meinungsverschiedenheit gibt oder jemand unsere Überzeugung innerhalb der Gruppe nicht akzeptiert, schließen wir ihn aus unserem Kreis aus. Wenn wir nicht aufpassen, schließen wir damit so viele Seiten unseres Universums aus, dass uns zum Schluss nur noch die Katze und der Fernseher als Unterhaltung bleiben. Diese innere Haltung definiert im äußersten Fall Verbündete und Feinde. Es ist diese Haltung, mit der Kriege begonnen werden, und sie lautet: "Ich bin getrennt vom Ganzen."

Nehmen Sie Ihr Umfeld freudig an, anstatt es fortzustoßen. Greifen Sie zu und umarmen Sie alle. Mit dieser Umarmung bringen Sie sie zurück in Ihr Herz. Halten Sie ihr Umfeld darin fest und realisieren sie, dass Sie alles lieben, wenn Sie Ihr Umfeld lieben.

Wenn Sie sich von Ihrer Familie abgespalten fühlen, dann gehen Sie zu ihnen und erzählen Sie, wie das für Sie ist. Seien Sie transparent und öffnen Sie ihr Herz. Wir denken oft, dass wir die Menschen wegstoßen, die wir lieben, wenn wir die Wahrheit sagen, aber das Gegenteil ist der Fall. Wenn wir Ihnen unsere Wahrheit mitteilen, öffnen wir uns für einen Fluss, der von Herz zu Herz fließt und der es uns erlaubt, jegliche Ängste oder Trennungsgefühle, Ungerechtigkeiten oder Schikanen zu heilen, die wir in diesem Moment empfinden. Wenn Sie das in Ihrer unmittelbaren Umgebung praktizieren, wird es nicht lange dauern, bis Sie diese Umarmung auf den Rest der Menschheit ausweiten.

DAS EGO: DIE HEILUNG DER TRENNUNG VOM SELBST

In der modernen Spiritualität wird viel über das Ego gesprochen. Ich fokussiere mich nicht sehr auf das Ego, denn ich habe viele Menschen gesehen, die in dem Kampf gefangen waren, es zu bekämpfen oder zu zerstören. Das entspringt einem weit verbreiteten Missverständnis: der Idee, dass das Ego von Natur aus schlecht oder gar böse ist. Dies wiederum nährt den Glauben an die Trennung, die Trennung vom Selbst.

Es ist nichts falsch am Ego. Es ist nur ein Schutz. Das Ego umfasst die einzelnen Persönlichkeiten, die Masken und Verteidigungsmechanismen, die wir dazu benutzen, um unsere Unsicherheit zu verbergen. Um das näher zu erläutern, benutze ich oft folgendes Gleichnis:

Stellen Sie sich vor, Sie wären ein Ei. In Ihrem Inneren sitzt ein Adlerbaby. Dieser Adler repräsentiert das Bewusstsein von Liebe, Ihr wahres Selbst, Ihr volles Potenzial. Bislang haben Sie noch nicht gewusst, dass es diesen Adler gibt, denn im Moment sind Sie ja nur ein Ei. Die Schale repräsentiert das Ego. Der Zweck der Eierschale ist es, etwas zu beschützen, das noch nicht reif ist, es schützt das Adlerbaby vor der Welt bis es ausgereift ist. Die Schale kann sich als falscher Stolz oder Arroganz präsentieren, als Unsicherheit oder geheuchelte Demut. Das ist die Stimme, die Ihnen sagt, dass da etwas mit Ihnen nicht stimmt, dass Sie anders sein sollten. Es ist die Stimme, die Sie immer unterdrückt, Sie klein hält, voller Zweifel, Misstrauen und Sorgen. Ist etwas nicht in Ordnung mit der Eierschale? Nein. Sie tut nur ihre Pflicht und gibt Schutz, bis der Adler stark geworden ist. Wenn das Adlerbaby groß genug ist, beginnt es, die Schale aufzupicken. Je mehr der Adler dem Licht ausgesetzt ist, desto schneller verschwindet die Schale, denn mit jedem neuen Spalt wird der Adler sich einer Realität bewusst, die weit größer ist als das, was er bislang gekannt hat, und daher wächst sein Wunsch, sich von seinen Zwängen zu befreien. Wenn er dann schließlich ausbricht, eilt das Licht ihm aus jedem Winkel entgegen, um ihn zu umarmen, wenn er sich in der prallen Herrlichkeit seines neuen Königreichs sonnt. Wenn er seine Flügel spreizt, weiß er, dass er nicht mehr von dem kleinen Ei beengt wird: Er ist der König der Lüfte.

Versuchen Sie auf Ihrem Weg zum Erwachen nicht, Ihr Ego zu zerstören oder gegen es anzukämpfen, denn wenn Sie das tun, geben Sie der Trennung Nahrung. Richten Sie Ihre Aufmerksamkeit stattdessen auf die Pflege des majestätischen Adlers, der in Ihnen steckt. Wenn Ihr Bewusstsein gereift ist, zerfällt Ihr Ego automatisch, ohne irgendwelche Anstrengungen von Ihrer Seite, denn es wird nichts mehr übrig bleiben, was es beschützen muss.

DIE IDEALE IDEOLOGIE

Es gibt so viele Ideologien auf der Welt. Einige davon sind wunderschön und andere zerstörerisch. Einige sind schöpferisch, andere unterdrücken. Einigen möchten wir entsprechen, andere sprechen uns nicht an, aber sie haben alle eins gemeinsam: Sie sind nur Vorstellungen (schließlich stammt das Wort aus dem Griechischen "idea" - Vorstellung).

Bei unserer Suche, uns sicher zu fühlen und unsere Identität zu definieren, binden wir uns an eine Vorstellung nach der anderen. Wir sperren uns selbst in einen starren Käfig nach dem anderen. Das Bewusstsein von Liebe ist ein Raum ohne Wände. Es hat kein Gehäuse, keine Meinungen, nur eine ständige Bereitschaft zur Evolution und ist konsequent auf den Ausbau der Liebe ausgerichtet. Seine Ausdehnung, seine Schwingung, seine Freude - alles ist endlos und ewig.

Einige Ideologien fußen auf dem Bewusstsein von Liebe, aber wenn sie eindringlich sind — und sie müssen so sein — werden sie beklemmend. So verhält sich das Bewusstsein von Liebe nicht. Das Bewusstsein von Liebe trennt nicht. Es umarmt alles und in dieser Umarmung bewegt es sich freudig weiter auf eine höhere Schwingung der Liebe zu. Was unreif oder nicht mehr zweckmäßig ist, wird ganz natürlich im Zuge seiner ständigen Entwicklung zu mehr Bewusstsein oder Einheit abgestreift. Es geht nicht darum, die Dinge in der Welt zu leugnen, die wir als schlecht ansehen — wie Krieg, Hunger oder Diskriminierung — oder uns zu separieren und auf das zu konzentrieren, was wir ausmerzen wollen. Es geht darum, etwas zu dem beizutragen, von dem wir mehr sehen möchten: Friede, Freiheit und Akzeptanz.

Machen Sie aus keiner Vorstellung etwas besonderes. Das einzig Besondere, das einzig wirklich Wichtige ist die Freude am Sein und dass Friede und Liebe wachsen und immer größer werdende Kreise ziehen - stumme Zeugen einer sich weiterentwickelnden Welt.

Mit der Zeit habe ich festgestellt, dass uns alle eine Gemeinsamkeit bewegt, unabhängig davon, welcher Nationalität oder Glaubensrichtung wir angehören: die Liebe. Alle Religionen stimmen darin überein, dass Gott die Liebe ist. Die Art und Weise, wie diese Weisheit präsentiert wird, mag unterschiedlich sein, und die Insignien dieses Glaubens können voneinander abweichen, aber dieser Kern Wahrheit hat für alle Glaubensrichtungen Gültigkeit. Wir alle glauben an ein Wesen, eine Liebe. Das gilt für die Nonne wie für den Atheisten, für den Rabbi und den Agnostiker, denn alles ist schlussendlich Liebe. Die Quantenphysik kann beweisen, dass wir alle eins sind, auch wenn sie es sich nicht erklären kann. Es ist die ultimative Erfahrung, unmöglich zu verstehen, aber auch unmöglich zu leugnen.

Rettet den Planeten: Unsere Trennung von der Welt

Das Umweltbewusstsein nimmt weltweit zu, und ich beobachte, dass wir diese Thematik in der gleichen Art und Weise betrachten, wie wir es bei den meisten Dingen unseres Lebens tun: Wir wollen etwas beheben, das wir als fürchterlich und falsch ansehen. Wann immer wir das tun, suchen wir jemanden, dem wir die Schuld zuschieben können, und dabei vermeiden wir, die Verantwortung zu übernehmen. Wie können wir aber die Verantwortung für etwas wie die Umweltzerstörung übernehmen — etwas, das uns so groß vorkommt und in so gar keiner Relation zu unseren eigenen Aktivitäten zu stehen scheint? Ich möchte hier nicht die positiven Aspekte herunterspielen, die grünere Wahlen oder eine Absenkung der Energiebilanz bringen, aber ich rede davon, nach innen zu schauen, um die Ursachen destruktiven Verhaltens in uns selbst zu heilen.

Es gibt so vieles zu beklagen, was auf dieser Welt passiert: die Zerstörung der Regenwälder, das Vergiften der Ozeane, Ölunfälle, Stammesvölker, die Gorillas töten, um Geld zum Überleben zu haben — die Liste ist unendlich. Offensichtlich würden wir diese Dinge gerne ändern, aber wir müssen uns zunächst fragen, was die Wurzel all dieses Übels ist. Gier. Mangel. Trennung. Wir haben den Eindruck, als wäre nicht genug für alle da — nicht genug Rohstoffe, nicht genug Geld, nicht genug Arbeit — doch obwohl es aussieht, als wären das nationale oder sogar globale Probleme, entspringt dieses Gefühl des Mangels doch aus unserer inneren Haltung, unserem eigenen, persönlichen Gefühl von Unvollständigkeit. Wenn ich mich unerfüllt fühle, spüre ich Not. Solange ich mich nicht ganz fühle, wird diese Not meine Aktivitäten und Reaktionen beeinflussen. Ich kann nicht alles geben, und ich gebe es nicht bedingungslos. Sobald wir jedoch innere Fülle finden, beginnen wir damit, alles in diese Fülle zu verwandeln. Wenn ich in Fülle lebe, lasse ich keinen Aspekt meines Seins hungern. Wenn ich in Fülle lebe, gehe ich nicht hin und brenne den Regenwald ab. Wenn ich in Fülle lebe, vergifte ich den Ozean nicht. Also muss ich zur Fülle werden, und weil das Bewusstsein von Liebe damit eine Einheit bildet, löst es alle Aspekte der Dualität auf. Alles wird Fülle.

Es war einmal ein Wissenschaftler, der besessen von dem Gedanken war, eine Möglichkeit zu finden, die Welt zu heilen. Er versuchte es mit Zaubertränken und Theorien, neuen Erfindungen und Entdeckungen und versuchte unermüdlich, die Lösung zu finden. Eines schönen Tages kam sein vierjähriger Sohn in sein Labor.

"Was tust du da, Vati?", fragte er.

Zerstreut antwortete sein Vater: "Ich versuche, einen Weg zu finden, wie man die Welt heilen kann."

Der Junge war ganz aufgeregt. "Wirklich, Vati? Kann ich helfen? Ich will auch die Welt retten! Bitte, bitte sag mir, was ich tun kann!"

Über die Naivität des Jungen musste der Wissenschaftler lächeln. Er riss ein Foto von der Welt aus einem Magazin, riss es in kleine Stücke und gab sie dem Jungen.

"Da", sagte er, "klebe das wieder zusammen."

Der Junge lief aufgeregt los und sein Vater wandte sich wieder seinen Experimenten zu. Ihm war klar, dass sein Sohn, der keine Ahnung davon hatte, wie die Welt aussah, mit dem Puzzle eine Weile beschäftigt sein würde.

Fünf Minuten später kam der kleine Junge wieder, in der Hand das perfekt zusammengefügte Bild der Erde. Sein Vater sah ihn erstaunt an.

"Wie hast du das gemacht? Du weißt doch noch nicht einmal, wie die Welt aussieht!"

"Das stimmt, Vati", sagt der Junge. "Ich weiß nicht, wie die Welt aussieht, aber du hast dieses Bild aus einem Magazin gerissen und auf der Rückseite war das Foto eines Mannes. Indem ich den Mann zusammensetzte, heilte ich die Erde!"

Lassen Sie uns aufhören, mit dem Finger auf andere zu zeigen und ihnen die Schuld zuzuweisen. Gehen Sie in sich und wenn Sie etwas bedrückt, fragen Sie sich, wo ist das in mir selbst? Wie kann ich das in mir heilen? Wir können die Welt nicht im Alleingang verändern, aber wir können uns verändern, und das, mein lieber Freund, ist das aufregendste, herausforderndste und unglaublichste Abenteuer, auf das wir uns jemals einlassen können.

Zum Nachdenken

Machen Sie sich eine Liste von allen Menschen, von denen Sie sich distanziert fühlen. Diese Liste kann auch enge Freunde oder Familienmitglieder enthalten. Versuchen Sie, ihnen näher zu kommen, indem Sie ihnen erklären, dass sie die Distanz zwischen ihnen verringern wollen. Seien Sie verletzlich. Erzählen Sie von sich und hören Sie zu, wenn die anderen erzählen, wie sie sich fühlen. Wenn einer von Zweien einen Abstand spürt, spürt ihn normalerweise der andere auch. Schieben Sie niemandem den Schwarzen Peter zu. Konzentrieren Sie sich darauf, Ihre Gefühle herauszulassen, sagen Sie, was Sie zu sagen haben, unabhängig von der Reaktion, die Sie vielleicht bekommen. Wenn die anderen beleidigt sind, reagieren Sie nicht darauf und verteidigen Sie sich nicht, sondern gehen Sie in sich und fragen Sie sich, was deren Reaktionen in Ihnen auslöst. Wenn Sie alles in Ihr Innerstes tragen und zu Ihrer Heilung verwenden, wird die Situation zu einer Chance, zu wachsen und nicht in einem Streit enden.

Kapitel 7

Illusion Nr. 7: Ich bin ein Sünder und sollte für meine Sünden büßen

GLAUBE: *Ich bin in der Lage, zu sündigen, ich kann Fehler machen. Es ist grundsätzlich etwas falsch mit mir oder zumindest mit einem Teil von mir.*

WIRKLICHKEIT: *Unbewusste oder auf Angst basierende Verhaltensweisen sind ein natürlicher Teil des Menschseins, aber wir haben die Macht, über sie hinauszuwachsen.*

"Vergib ihnen, Herr, denn sie wissen nicht, was sie tun" (Lukas 23:34). Das ist eine meiner Lieblingsstellen in der Bibel. So wie ich es sehe, sagt Jesus, dass wir uns unserer Aktionen nicht bewusst sind. Aus Unwissenheit wählen wir Verhaltensweisen, die auf Abhängigkeiten, Stolz und Gier basieren — und Verhaltensweisen, die auf Angst basieren. In Wirklichkeit ist uns die Vergebung, von der in dieser Passage die Rede ist, bereits garantiert worden: Das Bewusstsein von Liebe umarmt jeden Aspekt des Lebens und hat volles Verständnis für die Täuschungen des menschlichen Unterbewusstseins. Diese Täuschungen könnte man "Sünden" nennen, wenn auch nicht im traditionellen Sinne des Wortes. Nach der konventionellen Auffassung ist die Sünde im Wesentlichen ein übles Verhalten, etwas wirklich Falsches oder Gottloses. Die Erleuchtung sieht kein in uns wohnendes Übel, und daher ist die Vorstellung von Sünde, wie wir sie kennen, unsinnig. Das Bewusstsein von Liebe jedoch zeichnet sich durch bestimmte, er-

75

hebende Handlungen aus, die im Gegensatz zu auf Furcht basierenden Verhaltensweisen stehen.

Auf Angst basierende Verhaltensweisen werden sehr deutlich in den sieben Todsünden beschrieben, aber nur, wenn man sie nicht traditionell interpretiert. Anstatt sie "sieben Todsünden" zu nennen, glaube ich, dass "sieben Aspekte unbewussten Verhaltens" eine bessere Beschreibung für sie wäre. Sie sind nicht wirklich schlecht, und wir erleben sie alle in einem gewissen Maß in unserem Leben.

Lassen Sie uns die sieben Todsünden einmal zusammen ansehen und schauen, wie wir sie in das Licht des Bewusstseins von Liebe stellen können.

Wollust

Sex ist ein ganz natürlicher, fröhlicher Ausdruck des Lebens. Leidenschaft und sexuelle Anziehung zu spüren, gehört zum Menschsein. Lust wird zu einem Suchtverhalten, sobald Sex zur Flucht wird, einer zwanghaften Ablenkung, die uns davon abhält, bei uns selbst zu sein. Bei der körperlichen Liebe geht es ums Teilen, um Geben und Nehmen, Intimität und Verletzlichkeit. Wenn es beim Sex nur ums Nehmen geht, das Befriedigen eines Bedürfnisses, wird er zur Sucht. Verleugnen Sie nicht Ihren Wunsch danach, ihn zu unterdrücken würde den Druck nur vergrößern und es wird eine Zeit kommen, an dem sie ihn nicht länger ignorieren können. Wenn Sie sich stattdessen darauf konzentrieren, die innere Fülle in Ihnen zu kultivieren, werden Sie sich vollständig fühlen und das ist letztlich viel befriedigender als flüchtige körperliche Lust. Dann können Sie in Ihrer Sexualität diese Fülle teilen: Sie wird voller Freude sein, unschuldig und transparent statt bedürftig und hektisch.

Völlerei

Sich zu überessen ist eine weitere, verbreitete Gewohnheit, die wir dazu benutzen, uns selbst zu meiden. Wir haben im Grunde genommen alle gelernt, Lebensmittel zu verwenden, um unsere Gefühle zu unterdrücken. Wenn wir das tun, geht es beim Essen nicht mehr darum, unseren Körper zu nähren, daher werden unsere Essgewohnheiten unbewusst. Anstatt das zu essen, was der Körper braucht, essen wir, was unser Verlangen braucht. Verlangen hat nichts mit Hunger zu tun — es ist wichtig, sich dieses Unterschiedes bewusst zu werden, um eine zerstörerische Beziehung zum Essen zu heilen. Wenn Sie sich selbst dabei ertappen, wie sie zur Kühlschranktür greifen, halten Sie für einen Moment inne. Gehen Sie in sich und hören Sie auf Ihren Körper. Haben Sie wirklich Hunger oder sind Sie nur aufgeregt? Geben Sie sich selbst eine Minute und bleiben Sie bei dem, was Sie fühlen. Danach wissen Sie es besser. Sie könnten vielleicht herausfinden, dass Sie nicht wirklich hungrig sind, sondern dass Sie Gefühle in sich tragen, denen Sie nicht die Zeit gegeben haben, sie zu identifizieren. Wenn Sie sich erlauben, diese Gefühle zu spüren, dann wird Ihr Verlangen nach Essen anfangen, abzuklingen. Mit der Zeit werden Sie sich stärker bewusst werden, was Ihr Körper wirklich will. Das ist ein großer Schritt in Richtung Eigenliebe.

Gier

Die Gier ist nie zufrieden. Egal, wie viel die Gier erreicht, es ist nie genug. Es gibt immer etwas anderes, das man sich anschaffen kann. Haben Sie schon das Auto Ihrer Träume? Dann brauchen Sie jetzt zwei. Warum warten wir immer auf etwas Neues?

Die meisten von uns verbringen ihr ganzes Leben damit, zu warten. Es wurde zu so einer Gewohnheit, dass wir die Dinge, auf die wir gewartet haben (die Promotion, die Heirat, Kinder), gar nicht mehr richtig genießen können, wenn wir sie endlich haben — wir sind zu sehr damit beschäftigt, auf etwas anderes zu warten (die Rente, den Urlaub, die Scheidung). Das liegt daran, dass wir nicht wirklich wissen, was wir wollen. Die Gier erzählt uns, dass wir etwas brauchen, aber in Wirklichkeit wollen wir uns zufrieden fühlen. Die Gier erzählt uns, dass wir etwas möchten, was in der Zukunft passiert, aber eigentlich wollen wir uns einfach nicht mit der Realität beschäftigen, dem Hier und Jetzt. Dabei ist die Gegenwart das einzige, was wir jemals haben. Der Rest ist Spekulation und Illusion. Wir wurden von den Sprichwörtern "Gut Ding will Weile" und "Was lange währt, wird endlich gut" geprägt, aber wenn wir nicht in der Lage sind, die Perfektion der Gegenwart freudig anzuerkennen, sind wir nicht in der Lage, das Leben zu genießen. In Wirklichkeit spielt es keine Rolle, wie viel wir materiell erreichen. Solange uns die Gier in dem Bedürfnis nach mehr gefangen hält, bringt uns unser Wohlstand nichts anderes als eine teure Form des Elends!

Auf meinen Reisen als spirituelle Lehrerin habe ich Menschen aus vielen verschiedenen Bereichen des Lebens gelehrt, auch reiche und berühmte Menschen. Natürlich haben sie materielle Freiheiten, aber ihre Erfüllung haben sie nicht gefunden. Wir müssen uns unsere Stars und Sternchen nur einmal anschauen, um zu sehen, dass materieller Reichtum kein Glück bringt — die zahllosen Fälle von Promi-Depressionen, Drogenmissbrauch und zerbrochenen Beziehungen sind uns allen bekannt.

Materieller Reichtum wird überschätzt. Ich sage nicht, dass etwas an ihm falsch ist; er ist nur nie genug. Wir leben unser Leben, als wären wir in einem Rennen und rennen der sprichwörtlichen Karotte bis in die Unendlichkeit nach. Wir versuchen ständig, irgendwo hinzukommen — wenn schon nicht an einen bestimmten Ort, dann wenigstens in einen gefühlsmäßigen oder mentalen Zustand. Hinter allem steckt der Wunsch, irgendwo zu sein, nur nicht hier.

Was ist so schlecht an dem, was wir jetzt schon haben? Wenn wir uns das wirklich vergegenwärtigen, müssen wir feststellen, dass die Antwort ist: nichts. Wir merken, dass wir in Wirklichkeit nicht in Richtung Glück laufen, sondern weg von uns selbst. Denn das ist der springende Punkt: Wir können es nicht ertragen, unserer eigenen Unzufriedenheit in diesem Moment ins Gesicht zu sehen. Es ist das Loch in uns, das Gefühl von Unvollständigkeit, das wir so hartnäckig meiden. Das Problem ist, dass es keine Rolle spielt, wohin Sie damit gehen: Es ist immer da.

Wir träumen vielleicht von dem Frieden und der Ruhe einer tropischen Insel, aber wie bei Tom Hanks in "Verschollen" (Cast Away) werden wir sogar in einem perfekten Paradies mit uns selbst konfrontiert — und es dauert nicht lange, bis wir Beziehungen mit leblosen Gegenständen beginnen (wie Hanks mit Wilson, dem Volleyball), um der Monotonie zu entkommen.

Wenn wir uns selbst bedingungslos lieben, verdunstet die Gier in der Fülle des Seins. Dann ändert sich die Affinität für Geld oder materielle Dinge vollständig. Wenn das passiert, ziehen Sie ironischerweise jedoch alles im Überfluss an. Doch Sie konzentrieren sich nicht länger darauf, sich Dinge anzuschaffen, sondern auf die Liebe. Die Gier loszulassen bedeutet nicht zwangsläufig, dass Sie Ihre Besitztümer loslassen, aber vielleicht finden Sie plötzlich, dass Sie gar nicht so viel wollen wie Sie früher dachten. Vielleicht möchten Sie dann die Dinge auch gerne einfacher.

Faulheit

Faulheit oder Trägheit bedeutet, dass die Leidenschaft für das Leben fehlt. Sie ist nachlässig und desinteressiert, zieht Bequemlichkeit der Leistung vor, Stillstand der Entwicklung. Faulheit entstammt dem Selbstschutz, der Furcht vor Risiken. Die Liebe ist niemals faul. Liebe ist eine endlose Quelle von Energie, sie gibt und erschafft mit Begeisterung. Faulheit nimmt, Liebe gibt. Faulheit ist schwer, Liebe ist leicht. Faulheit erzeugt Faulheit - je mehr Sie sie füttern, desto mehr will sie. Fangen Sie daher an, die Grenzen zu verschieben: Stehen Sie auf und gehen Sie joggen. Wenn Sie sich anders fühlen wollen, müssen Sie etwas anderes tun.

Zorn

Zorn ist ein verzerrter Ausdruck von Wut. Wut ist eine normale, menschliche Reaktion, aber wir sind dazu übergegangen, sie als böse oder schlecht zu beurteilen. Als Resultat versuchen jetzt viele von uns, sie zu unterdrücken, aber dann staut sie sich innerlich auf bis man schließlich platzt. Der beste Weg, um die zornigen Impulse in uns und der Welt zu heilen, ist, die Wut zu umarmen. Auf ein Kissen einzuschlagen oder in eins hinein zu schreien sind gesunde Wege, die angesammelte Ladung Zorn loszuwerden.

Eine meiner weiteren Lieblingsstellen in der Bibel ist: "Lasset die Sonne nicht über eurem Zorn untergehen" (Epheser 4:26). Wenn wir unseren Zorn ausdrücken und ihn an jedem Tag in Liebe umwandeln, anstatt ihn zu unterdrücken und wütend zu

Bett zu gehen, werden wir den neuen Tag immer aus einem Ort der Freude und des Optimismus heraus begrüßen können.

Zorn erzeugt Zorn. Der Charakter von Dexter, der Hauptfigur einer bekannten, gleichnamigen Fernsehserie, ist ein Beispiel für dieses Prinzip. Er wurde zum Serienmörder, um dem Trauma der eigenen, gewalttätigen Vergangenheit zu entkommen. Anstatt tiefer zu gehen und das zu heilen, was dort begraben war, wurde er süchtig nach der Sünde, die seinen anfänglichen Schmerz verursacht hatte. Ebenso wurden viele Sexualstraftäter in ihrem eigenen Leben Opfer von Missbrauch. Wenn wir der Wut und dem Hass erlauben, sich in uns aufzubauen, wird daraus nur noch mehr davon entstehen und wir werden oft die Aspekte der gleichen Verhaltensweisen in uns beherbergen.

Neid

Neid bedeutet, dass Sie etwas wollen, was Sie nicht haben, dass Sie sich mit anderen vergleichen, sich die Rolle des Opfers geben, sich als weniger Wert fühlen als jemand anderes. Es ist das Gegenteil von sich selbst annehmen in Ihrer einzigartigen Perfektion. Die Kur gegen Neid ist Selbstliebe. Anstatt zu "begehren Deines nächsten Weib", sollten Sie Freude an dem finden, was das Leben Ihnen gebracht hat. Nehmen Sie Ihre Realität freudig an, anstatt sich ständig mit jemandem zu vergleichen, von dem Sie denken, dass er besser ist, und feiern Sie die Großartigkeit dessen, wer Sie sind und die einzigartige Brillanz, die nur Sie in diese Welt bringen können.

Stolz

Wir investieren eine Menge Energie darauf, wie wir von der restlichen Welt gesehen werden wollen. Stolz ist diese Präsentation, es ist das falsche "Ich", das wir denen um uns herum präsentieren. Wenn wir stolz sind, verschließen wir die Tür vor Verletzlichkeit und Unschuld; wir sind zu sehr damit beschäftigt, der Welt ein Bild darzustellen, anstatt unserem wahren Selbst zu erlauben, durchzuscheinen. Doch wie heißt es in der Bibel: "Hochmut kommt vor dem Fall", denn Stolz ist zerbrechlich, und weil er von externen Gutachtern abhängig ist, führt er oft zu Enttäuschungen. Er bringt uns dazu, uns an die Person zu klammern, von der wir denken, dass wir sie sind, anstatt uns mit unserem wahren Selbst zu verbinden. Stolz sind wir, wenn wir uns so sehr mit unserer Lebensgeschichte identifiziert haben, dass wir beginnen, die Geschichten, die wir über uns selbst erfunden haben, zu glauben. In dem Roman "Bleak House" von Charles Dickens zieht es Lady Dedlock vor, zu sterben, anstatt die Maske ihres guten Rufs abzulegen und sie verteidigt damit ihren Stolz und den ihres Mannes. Viele Menschen stolpern in die gleiche Falle. Stolz macht uns unbeugsam, denn wir müssen dem Standard entsprechen, den wir uns selbst gesetzt haben. Das hindert uns daran, die Schwächen menschlicher Erfahrungen anzunehmen, aus Angst, die Kontrolle zu verlieren.

Stolz bringt Menschen dazu, Gräueltaten zu begehen. Wie viele Familien haben in früheren Zeiten Ihre geliebten Kinder aus Stolz enterbt, weil sie unangemessene Partner mit einem anderen Glaubensbekenntnis oder aus einer anderen gesellschaftlichen Schicht gewählt haben? Wie viele Fehdehandschuhe wurden aus Stolz geworfen und wie viele haben dabei ihr Leben gelassen?

Einer der besten Wege, den Stolz zu durchbrechen, ist, sich selbst zu erlauben, lächerlich auszusehen. Nehmen Sie sich selbst nicht so ernst. Zeigen Sie sich vor anderen verletzlich und schauen Sie, wie Sie sich damit fühlen. Dabei teilen Sie mehr mit den Menschen um Sie herum und Sie lernen sich gleichzeitig selbst besser kennen.

SCHULDIG IM SINNE DER ANKLAGE

Haben Sie nicht unbewusst jede einzelne der oben beschriebenen Verhaltensweisen an irgendeinem Punkt in Ihrem Leben übernommen oder waren zumindest in Versuchung, es zu tun? Das Witzige an diesen sogenannten Sünden ist, dass sie uns tatsächlich in die "Hölle" führen — Ihre persönliche Hölle hier auf Erden nämlich, weil Sie sich so schuldig fühlen, dass Sie das Jetzt und Hier verlieren. Sie sind so eingeschlossen in Ihrer Schuld, dass Sie die Liebe und Ihre Fähigkeit, zu geben, verlieren.

Die Schuld ist der Klebstoff, der sie in der Vergangenheit hält und Sie an genau die Entscheidungen bindet, die Sie so sehr bedauern. Wir quälen uns so lange, bis das Leben ein einziger Teufelskreis aus den gleichen, sich wiederholenden Verhaltensweisen wird.

Schuld ist eine Form der Selbstgeißelung — sie verletzt niemanden außer uns selbst. Das Gegengift zur Schuld ist Geben. Es bringt uns aus unserer introvertierten Besessenheit von dem heraus, was wohl bei uns falsch ist.

Nichts ist gewonnen, wenn Sie sich schuldig fühlen. Nutzen Sie die Weisheit, die Sie in Ihren früheren Erlebnissen gewonnen haben, um in diesem Moment neue Entscheidungen darüber zu treffen, wer Sie jetzt sein wollen, anstatt in Bedauern zu schwelgen.

Was wähle ich für diesen Moment.

Verurteilen Sie sich nicht für unbewusste Verhaltensweisen. Seien Sie die Vergebung des Herrn, denn Sie wussten nicht, was Sie tun. Wählen Sie, jetzt bewusst zu sein. Machen Sie sich klar, dass es letztendlich niemals etwas gab, was vergeben werden muss, denn Sie haben niemals etwas Schlimmes getan.

FREIHEIT VON DER SUCHT

Diese sieben Erscheinungen unbewussten Verhaltens machen den Abstand vom eigenen Selbst sichtbar und sie führen zu Suchtverhalten. Wenn wir das Wort "Sucht" hören, denken wir normalerweise an Drogen oder Alkoholismus. Viele von uns könnten denken, sie wären nach nichts süchtig, dabei zeigt die Gesellschaft der heutigen Zeit starkes Suchtverhalten. Alles, was wir dazu benutzen, um uns von uns selbst abzulenken, ist eine Form von Sucht. Tatsächlich stammen alle Süchte aus dem Bedürfnis, unseren Gefühlen zu entkommen, um den Schmerz, die Leere und die Ernüchterung zu betäuben. Vielleicht ist es das Fernsehen, vielleicht das Internet, das wir dazu benutzen, uns von uns selbst abzulenken. Vielleicht öffnen wir den Kühlschrank oder zünden uns eine Zigarette an, wann immer wir uns ängstlich fühlen. Die einzelnen Suchtformen können genauso variieren wie der Grad der Abhängigkeit, aber alle diese Süchte gründen in dem Gefühl innerer Unzufriedenheit.

Sich selbst zu lieben ist der einzige Weg, Suchtverhalten zu heilen. Bevor Sie sich nicht bedingungslos lieben, können Sie zwar eine Suchtform aufgeben, aber über kurz oder lang werden Sie diese Sucht durch eine andere ersetzen. Wie viele Exraucher beispielsweise legen an Gewicht zu, weil sie zwanghaft essen, um das Rauchen zu ersetzen? Die Blätter einer Gewohnheit abzuschneiden, ist nicht die Lösung, denn das Blattwerk wächst schnell nach. Wenn Sie frei von Süchten sein wollen, heilen Sie die Wurzel. Gehen Sie in sich und füllen Sie die Leere mit Liebe. Dann fällt Ihre Sucht von alleine weg, denn es gibt keine Leere mehr, die sie füllen muss.

DIE KRAFT DER VERLETZLICHKEIT UND EIGENLIEBE

Wenn wir erst einmal erwachsen sind, wissen die meisten von uns nicht mehr, was es bedeutet, uns selbst zu lieben. "Sie müssen sich selbst lieben" - der Satz wurde zu einem Schlagwort, zu einem klugen Kommentar, mit dem man auf Abendveranstaltungen um sich werfen konnte, aber abgesehen davon, dass er nur eine vage Vorstellung von Selbstbewusstsein vermittelt, bleibt es ein abstraktes Konzept. Viele der am zuversichtlichsten aussehenden Menschen auf dieser Welt lieben sich überhaupt nicht. Ich weiß das, denn ich war einer von ihnen. Für die Welt um mich herum wirkte ich immer aufgeschlossen, unterhaltsam und charmant, aber diese Eigenschaften waren die Maske, hinter der ich meine Unsicherheiten versteckte.

Eigenliebe beginnt mit Selbst-Akzeptanz. Wenn Sie sich selbst lieben wollen, müssen Sie auch die Teile an sich freudig annehmen, die Sie ablehnen. Missgunst, Eifersucht, Ärger, Scham — erst, wenn Sie diese Teile von sich lieben, können Sie sich von ihnen befreien. Wahre Stärke entsteht erst dann, wenn Sie die Macht Ihrer Verletzlichkeit entdecken: Diese unverzichtbare Eigenschaft, die für eine fließende, transparente Verständigung in all unseren zwischenmenschlichen Beziehungen sorgt.

Verletzlichkeit ist etwas, das die meisten von uns unter allen Umständen vermeiden. Es ist die letzte Situation, in der wir uns wiederfinden möchten und mit Sicherheit keine, in die wir uns aktiv begeben wollen. Die Gesellschaft sagt uns, dass Verletzlichkeit zeigen Schwäche bedeutet, aber genau das Gegenteil ist der Fall. Man kann in Verwundbarkeit große Stärke finden, nämlich die Stärke der Wahrheit. Wenn wir verletzlich sind, sind wir real. Wir zeigen uns genau so, wie wir sind. Verletzlichkeit erlaubt uns, freudig anzunehmen, was ist, und in dieser Annahme können wir mehr zur Liebe werden und uns mit der Kraft unseres Seins heilen.

Mein Erholungszentrum in Uruguay wird oft von Paaren aufgesucht. Manche stehen kurz vor der Scheidung. Sie hatten in der Regel Geheimnisse voreinander, haben niemals ihre Gefühle gezeigt und sind Kompromisse eingegangen, weil sie dem anderen gefallen wollten. In manchen Fällen waren sie sich untreu. All das hat für so viel Verbitterung gesorgt, dass die Liebe aus dieser früher einmal erfüllenden, gegenseitigen Liebesbeziehung völlig verschwunden zu sein scheint. Dann beginnen sie damit, ihre Wertvorstellungen zu äußern, tragen alle Leichen aus dem Keller — all die kleinen Treulosigkeiten, Lügen und Täuschungen. Das Interessante daran ist, dass nach dem ersten Schock und der Erkenntnis, dass beide die gleichen Enttäuschungen erlebt haben, die Liebe wieder auftaucht, die sie empfunden haben, als sie sich das erste Mal trafen. Das ist die Magie von Verletzlichkeit. Sie werden das niemals ganz verstehen, bevor Sie es nicht selbst einmal ausprobiert haben.

Aus Verletzlichkeit und Gefühlen wird die Sprache des Herzens gebildet. Wenn ich verletzlich bin, ist mein Herz offen und kann sowohl geben als auch nehmen. Es wird nicht von Unwahrheiten maskiert oder durch Täuschungen geschützt. Wenn Sie sich trauen, verletzlich zu sein, treten Sie aus Ihrer Komfortzone in das Unbekannte. Sie lassen die Kontrolle los, Sie konfrontieren sich mit Ihrer Angst vor Zurückweisung und Sie stellen Ihre eigene Wahrheit über das Bedürfnis, anderen zu gefallen. Verletzlichkeit zu zeigen ist der endgültige Akt der Eigenliebe. Es ist der Schlüssel zur Freiheit von Co-Abhängigkeiten und mit ihr können Sie die schwache Krücke loslassen, die Ihnen Zustimmung von außen bislang war. Versuchen Sie es. Vielleicht entdecken Sie dabei die einzigartige Schönheit, die in den Teilen von Ihnen steckt, die Sie bislang gemieden haben.

Als ich anfing, mir selbst zu erlauben, verletzlich zu sein, war ich erschrocken über das, was ich dabei über mich herausfand. Ich war schon immer eine sehr starke Frau gewesen, hatte alles unter Kontrolle, daher war ich erstaunt, ein kleines Mädchen in mir zu finden: hilfsbedürftig, verlassen, ängstlich, enttäuscht und unsicher. Ich begann, es genau so zu lieben, wie es war und erst dann konnte sich meine eigene Größe entwickeln. Das geht jedem von uns so.

Wir müssen das innere Kind in uns lieben, das sich hinter den Masken unserer Persönlichkeit versteckt, um seine Zerbrechlichkeit zu schützen. Im Licht der Liebe wird sie sich in noch mehr Liebe verwandeln, wie alles andere auch, das mit freudiger Akzeptanz umarmt wird. Haben Sie keine Angst davor, das zu fühlen und loszulassen, was Sie von sich versteckt oder geleugnet haben. Es erfordert viel mehr Energie, diese inneren Aspekte zu ignorieren, sobald sie unsere Aufmerksamkeit fordern, als ihnen die bedingungslose Liebe zu geben, die sie brauchen.

Wenn Sie einen bestimmten Aspekt von sich ablehnen oder verdrängen, wird er nur größer. Sie müssen ihn freudig annehmen — er ist ein Teil von Ihnen und Sie können ihn nicht für immer verleugnen. Bezeichnen Sie ihn nicht als etwas, das schlecht oder falsch ist, sondern umarmen sie ihn mit ehrlicher Zustimmung.

Eines der Dinge, die ich am meisten bei mir verurteilt hatte, war meine Angst, verlassen zu werden. Sie war in all meinen Beziehungen präsent, das bleibende Vermächtnis meiner Kindheit als Adoptierte. Früher habe ich sie maskiert, indem ich Gleichgültigkeit heuchelte, aber hinter meiner scheinbaren Lässigkeit tat ich heimlich alles Mögliche, damit meine Ängste nicht Wirklichkeit wurden. Ich verheimlichte dieses Verhalten vor meinen Partnern und hatte Angst, dass ich zerbrechlich und unattraktiv für sie wäre, sobald sie meine Bedürftigkeit erkennen würden. Ich selbst verurteilte Bedürftigkeit bei anderen als schwach und unerwünscht und verachtete Menschen, die diese Eigenschaften zeigten.

Ich wiederholte dieses Verhalten viele Male in meinem Leben, bis ich meine letzte Beziehung beendete, weil meine Angst vor dem Verlust und dem Verlassenwerden so extrem geworden war, dass ich es nicht länger aushalten konnte. Ich verstand endlich, dass meine Sicherheit nicht von etwas Äußerlichem abhängen dürfe, sondern dass ich innerlich das Bewusstsein von Liebe erfahren und darin meine Stabilität finden muss.

Letztendlich hat also mein Leiden mich dazu gebracht, diese Aspekte in mir in eine neue Wahrnehmung des Lebens umzuwandeln. Erst als ich krank und müde von meinem Leiden war, konnte ich endlich eine neue Wahl treffen.

Als ich schließlich den bedürftigen Anteil in mir annahm, konnte ich auch die Bedürftigkeit anderer Menschen um mich herum akzeptieren. Wenn wir unsere eigene Menschlichkeit annehmen, erkennen wir die Schönheit in jedem Aspekt des Menschseins.

Als ich den Mut fand, alles an mir zu betrachten, ohne einen Teil von mir zu ignorieren oder zu leugnen, erkannte ich, dass es nichts Falsches an mir gab. Ich freundete mich mit meiner Eifersucht an, mit meiner Gewalt, mit meiner Fähigkeit, viele auf Angst basierende Dinge zu tun, Dinge, die ich früher bei anderen sehr hart verurteilt hatte. Was war geschehen, als ich annahm, was ich vorher unterdrückt hatte?

Es hatte sich alles in Liebe verwandelt, denn es war schon immer Liebe gewesen, nur hatte ich Angst davor gehabt. Ich hatte mir gewünscht, dass jemand anderes die Verantwortung für mich übernimmt und mich liebt, anstatt es selbst zu tun.

Die Ablehnung von uns selbst führt zu Extremen, die auf der Weltbühne aufgeführt werden. Einige lehnen sich selbst so sehr ab, dass sie gewalttätig werden. Wenn wir aber lernen, jeden Aspekt in uns freudig anzunehmen, werden unser Leiden und unsere Gewaltbereitschaft sich in der Frequenz der Liebe auflösen. Sagen Sie "Ja" zu Ihrem inneren Wesen. Lieben Sie sich, nehmen Sie sich in bedingungsloser Liebe an und die Welt wird das gleiche tun!

In den vergangenen Jahren brachte mich die Arbeit für meine Stiftung in verschiedene Gefängnisse in Lateinamerika. Eines der Dinge, die mich während dieser Besuche am meisten beeindruckt hat, ist der aufrichtige Wunsch nach Verwandlung, den ich bei vielen Insassen erkannt habe. Ich habe Häftlinge sagen hören, dass sie jetzt erst merken, dass sie niemals frei waren, selbst vor ihrer Zeit im Gefängnis nicht. Sie fangen an, eine innere Freiheit zu entdecken, die keine Mauern hat.

Eine bestimmte Geschichte blieb deutlich in meinem Gedächtnis haften. Ein Häftling, der mit unserem Programm vertraut war, erzählte uns, dass ihn in den fünfzehn Jahren seiner Haft nie jemand besucht hatte. Er fühlte sich verlassen und zurückgewiesen, ein vergessener Ausgestoßener, und jahrelang hegte er Groll gegen seine Freunde und seine Familie. Er begann, sie und ihre Gleichgültigkeit für sein niedriges Selbstwertgefühl und seine Niedergeschlagenheit verantwortlich zu machen.

Indem er die Richtlinien des von uns für ihn festgelegten Programms befolgte, begann er damit, nach innen zu gehen. Er fing an, Verantwortung für seinen inneren Zustand zu übernehmen und kam zu der Erkenntnis, dass er sich nicht verärgert und entmutigt fühlte, weil seine Familie ihn nicht besuchte, sondern weil er sich selbst nicht liebte. Das war eine gewaltige Erkenntnis für ihn und er hörte schließlich damit auf, die Schuld anderen zu geben, sondern begann damit, die Verantwortung für seinen eigenen, inneren Wandel zu übernehmen. Wenn er das im Gefängnis kann, was hält Sie davon ab, es ihm gleichzutun?

Zum Nachdenken

- Leben auch Sie auf Furcht basierende Verhaltensweisen aus, die wir als die sieben Todsünden kennen? Zu welchen tendieren Sie am meisten?
- Fühlen Sie sich als Folge davon schuldig?
- An welchen Stellen vermeiden Sie es, in Ihren persönlichen Beziehungen echt zu sein? Wir haben oft die größten Probleme, denen gegenüber ehrlich zu sein, denen wir am nächsten stehen. Achten Sie auf Momente, in denen Sie sich verstecken, in denen Sie Intimität und Gefühle meiden. Versuchen Sie, das Gegenteil von dem zu tun, was Sie normalerweise tun. Versuchen Sie, die Grenzen zu durchbrechen, die Sie sich selbst auferlegt haben. Sie werden dann neue Facetten des Lebens enthüllen, Orte der Magie und der Entdeckungen.

Kapitel 8

Illusion Nr. 8: Ich kann und muss mein Umfeld kontrollieren

GLAUBE:*Wenn ich mich anstrenge, kann ich mein Umfeld kontrollieren, und das ist auch gut so!*
WAHRHEIT: *Das Bewusstsein von Liebe gibt sich dem hin, was ist.*

Wir leben in einer Welt, die sich ständig verändert. Die jüngsten Naturkatastrophen haben diese Veränderungen noch deutlicher gemacht und erinnern daran, dass unsere Umwelt unberechenbar ist. Eine dieser jüngeren Katastrophen geschah direkt in meinem Umfeld: Das Erdbeben 2010 in Chile. Das Leben von vielen meiner Freunde und Studenten wurde davon beeinflusst. Eine Gruppe von Chilenen war in meinem Zentrum in Uruguay gestrandet und nicht in der Lage, nach Hause zurückzukehren, bis der Flugbetrieb nach Santiago wieder aufgenommen wurde. Sie konnten noch nicht einmal mit ihren Familien sprechen, denn im ganzen Land waren die Telefonverbindungen für viele lange Stunden unterbrochen.

Wenn wir mit einer Katastrophe konfrontiert werden, sind wir einem tiefen Gefühl der Verwundbarkeit ausgesetzt und wir haben keine Antworten parat. Wir waren geschockt von den schrecklichen Bildern, die wir in den Medien sahen und wurden wieder daran erinnert, wie vergänglich alles im Leben ist, wie sinnlos das Rennen um materiellen Gewinn, der uns nur die Illusion einer Sicherheit bietet, einer Sicherheit, die innerhalb eines Moments verschwinden kann. Die Katastrophe erinnerte uns daran, dass wir noch nicht einmal das Wichtigste und Grundlegendste in unserem Leben kontrollieren können: den Boden unter unseren Füßen. Wir fühlten uns extrem zerbrechlich.

Die Zeiten des Unheils und der Verwüstung sind auch die Blütezeiten der unzähligen anonymen Helden, die von der Liebe dazu bewegt werden, unablässig zu geben, selbst wenn sie sich dabei selbst in Gefahr bringen. Helden, die unabhängig von ihrem Geschlecht, ihrer Klasse oder Religion auf die Straße hinausgehen und geben. Angetrieben von der Kraft der Liebe geben sie, indem sie die Verlorenen und Verletzten trösten, Menschen in Panik und Hinterbliebene versorgen.

In solchen Momenten vergessen wir die Streitigkeiten und Konflikte der Vergangenheit. Das einzige, was wirklich zählt, ist die Liebe, die wir füreinander empfinden, die uns in grenzenlosen Taten vereint. In diesen selbstlosen Taten können wir erkennen, dass das Bewusstsein für Menschlichkeit steigt, und immer schneller werden Menschen in diesen extremen Situationen von anderen unterstützt. Wir können erkennen, wie die Liebe über Schmerz und Angst siegt. Sie ist immer da, hat verschiedene Gesichter und Ausdrücke, aber im Grunde ist es immer Liebe.

Wenn die äußeren Umstände so unbeständig werden und wir unseren Fokus auf unser Innerstes richten, erkennen wir, dass unsere Differenzen keine Bedeutung haben, und dass in jedem von uns ein *"Ja"* zum Leben schwingt, ein "Ja" zum Vorangehen, ein *"Ja"* über das hinauszugehen, was weggefallen ist. Selbst wenn wir uns verloren fühlen, können wir all unsere Aufmerksamkeit auf unsere Herzen richten und deren Puls und Wärme fühlen. In unseren Herzen können wir das Bewusstsein von Liebe entdecken. Es ist unerschöpflich, unbegrenzt; je mehr es gibt, desto mehr hat es zu teilen. Das ist die Zeit - das ist die gemeinsame Umarmung. Obwohl wir nicht verstehen können, warum es Katastrophen gibt, und obwohl wir uns vor ihnen fürchten, können wir Trost finden, wenn wir uns daran erinnern, dass in uns allen dieser unveränderliche Ort des Friedens liegt und dass die Liebe uns niemals verlassen wird.

Es ist an der Zeit für uns alle, uns durch die Handlungen der Liebe zu verwandeln. Dann werden wir erkennen können, dass alles, was geschieht, uns weiterentwickelt. Lassen Sie uns lernen, im Angesicht von Verwüstung, im Angesicht von Schwierigkeiten, im Angesicht von allem, was das Leben uns bringt, zu tanzen. Noch wichtiger: Lassen Sie uns lernen, die Illusion von der Kontrolle zu durchschauen, zu erkennen, dass es in Wirklichkeit im Leben keine Garantien gibt und die unvorhersehbare Natur der Existenz freudig anzuerkennen, anstatt vergeblich zu versuchen, die unbändigen Kräfte der Welt zu zähmen.

MIT DEM STROM SCHWIMMEN

Ich ließ gestern mein Bussardweibchen fliegen. Sie zu beobachten, wie sie sich in das abendliche Dämmerlicht stürzt, ist einfach traumhaft.

Sat ist ein Wüstenbussard, majestetisch und stark. Weil ich sie liebevoll aufgezogen und trainiert habe, weiß sie, dass sie auf meinen Ruf hin kommen soll. Ich bin ihre Nahrungsquelle und ihr Beschützer. Ich lasse sie fliegen, dann pfeife ich sie wieder zurück. Als sie gestern gerade dabei war, ihren Rundflug zu beenden, um zurück auf meinen Handschuh zu fliegen, kam ein starker Wind zwischen uns auf. Sie war hungrig und wollte auf den Handschuh fliegen, aber der Wind war zu stark. Ich beobachtete, wie Sat in die Luft abhob, ihren Blick stets auf den Handschuh gerichtet. Der Wind trieb sie genau in die entgegengesetzte Richtung, aber zu meiner Überraschung kämpfte sie nicht gegen ihn an. Sie flog einfach mit dem Wind. Sie verlor ihr Ziel nie aus den Augen, aber sie war nicht auf eine bestimmte Art und Weise festgelegt, es zu erreichen. Sie war bereit, sich treiben zu lassen. Sie schwebte majestätisch mit der Strömung und ließ sich vom ständig wechselnden Wind tragen. Gelassen wartete sie, bis der Wind sich drehte und flog dann zu mir zurück und holte sich ihre Belohnung.

Diese Szene kam mir wie ein perfektes Beispiel für die Weisheit der Natur vor. Die Natur fließt. Wir Menschen haben diese Fähigkeit verloren. Wir hängen an der Vorstellung von dem, was wir wollen und kämpfen gegen den Strom, denn unsere Vorstellungen sind so starr, dass wir nicht offen genug sind, sie fallen zu lassen. Kein Wunder, dass wir uns nicht ständig in einem Freudentaumel oder in einem Zustand des Friedens befinden: Wir kämpfen gegen unsere Gegenwart.

Wir haben alle Flügel, aber wenn wir gegen den Wind ankämpfen, können wir nicht fliegen. Wir können nicht das volle Ausmaß dessen erleben, wer wir sind. Wir haben alle unbegrenztes Potenzial, aber wenn wir versuchen, alles zu kontrollieren, uns an unsere Vorstellungen davon kleben, wie wir wollen, dass die Dinge sind, dann können wir das Leben nicht in seiner Fülle erleben.

Sobald wir damit anfangen, unsere Sicherheit und unser Wohlergehen auf unseren inneren Zustand zu stützen, vermindert sich auch unsere Abhängigkeit vom äußeren Umfeld, das wie Treibsand sein kann. Das Bedürfnis nach Kontrolle fällt dann weg. Das ist wahre Freiheit, denn wenn wir von etwas abhängen, was wir nicht kontrollieren können und was sich ständig verändert (die äußeren Umstände), wie können wir uns dann jemals frei fühlen? Wir sind Sklaven der Dinge und Menschen um uns herum, so lange unsere Stabilität von ihnen abhängt. Aber wenn wir lernen, unsere innere Erfüllung zu pflegen, können wir die Welt, in der wir leben, ohne Angst vor Verlust genießen und haben es nicht mehr nötig, sie zu kontrollieren. So können wir unseren ständigen Grund zur Sorge und zum Planen endlich loslassen.

Das Leben ist eine Erfahrung. Das ist alles. Nehmen Sie Ihre Erfahrungen als Mensch freudig an, mit all ihren Farben, in all ihrer Kompliziertheit und den sich ständig verändernden Strömungen. Je mehr Sie mit fließen, desto mehr entscheiden Sie sich für die Freude, die jedem Moment inne wohnt und desto größer wird Ihre kreative Kraft. Wählen Sie die Liebe und Sie werden die wahre Hoheit in sich finden.

SICH DEM SCHLAF HINGEBEN

Schlaflosigkeit ist eine häufige Folge von übermäßiger Kontrollsucht. Sie wird durch unsere Unfähigkeit, abzuschalten, verursacht. Wir verbringen so viel Zeit damit, uns zu sorgen und die Welt um uns herum zu kontrollieren, dass es uns unmöglich wird, damit wieder aufzuhören. Das haben Sie bestimmt schon bemerkt, als Sie in Urlaub waren: Sie können an einem Strand im Paradies sein oder einen atemberaubenden Panoramablick von einer Bergspitze aus haben, und trotzdem ist Ihr Geist noch aufgewühlt. Wir können nicht abschalten und einfach sein, das Leben in vollem Umfang genießen, so, wie es jetzt im Moment gerade ist.

Wir haben uns so daran gewöhnt, zu planen, zu organisieren, uns Sorgen zu machen, zu kontrollieren, dass wir vergessen haben, wie wir einen Schritt zurücktreten und nur in der Gegenwart leben können. Wenn wir dann abends zu Bett gehen, stellen wir fest, dass der Geist wach bleibt. Der Körper möchte sich ausruhen, aber der Kopf ist außer Kontrolle geraten, rattert vor sich hin und verliert sich in Zuständen von Verstörtheit und Besorgnis.

So wie wir damals die Angewohnheit entwickelt haben, uns ständig abzulenken, können wir uns etwas Neues angewöhnen: die Angewohnheit, im Hier und Jetzt zu sein, und uns auf die Schönheit dieses Moments zu konzentrieren. Das scheint am Anfang schwierig zu sein, aber das liegt nur daran, dass wir so lange Zeit darauf verschwendet haben, genau das Gegenteil zu tun. Wenn wir uns angewöhnen, unsere Aufmerksamkeit diesem Moment zu schenken, werden sich bald Ergebnisse zeigen. Wenn wir lernen, uns in diesen Moment hineinzuversetzen, sobald wir uns am Ende eines Tages hinlegen, werden wir merken, dass der Schlaf mühelos kommt.

Der Schlaf ist eine Zeit, in der wir mit uns selbst alleine sind. Lassen Sie uns lernen, unsere eigene Gesellschaft zu genießen, anstatt um jeden Preis den Blick ins Innere zu vermeiden. Damit macht Schlaf mehr Spaß und er ist leichter zu erreichen.

Es ist wichtig, sich dabei nicht mit dem Gedanken an Schlaf zu verbinden. Wenn wir von dem Gedanken besessen sind, dass wir schlafen müssen, kann es uns so aufregen, dass es den Schlaf in noch weitere Ferne rückt. Es ist die Vorstellung davon, dass die Dinge so und so sein müssen, also ganz anders, als sie tatsächlich sind, die uns davon abhält, uns in diesem Moment zu entspannen und die Situation freudig anzunehmen. Wenn wir das nicht tun können, sind wir auch nicht in der Lage, uns dem Schlaf zu ergeben.

In den vergangenen Jahren hatte ich das Vergnügen, mit einer der legendärsten Schauspielerinnen Südamerikas zu arbeiten. Nahezu jedermann kennt ihre Schönheit und ihr Talent, aber nur wenige wissen, dass sie seit ihrem dreizehnten Lebensjahr an schweren Schlafstörungen litt. Obwohl sie eine zutiefst spirituelle Frau ist, war sie anfangs sehr skeptisch, ob etwas so einfaches wie das Isha System ihr Leben in irgendeiner Weise verändern könnte. Doch sehr zu ihrer Überraschung löste es ihr Schlafproblem, das sie ihr ganzes Erwachsenenleben lang beeinträchtigt hatte. Sie erzählte mir später, dass sie, bevor sie das System lernte, ihre Tage oft aus Mangel an Schlaf weinend begann. Nun kann sie ihrer täglichen Arbeit mit einer neu gefundenen Freude entgegensehen, dank der stärkenden Kraft von etwas, das wir oft als selbstverständlich betrachten: einem gesunden, erholsamen Schlaf.

Es ist phänomenal, wenn man beobachten kann, wie schnell Menschen ihre Schlaflosigkeit heilen können, sobald sie die Lehrsätze üben, die ich unterrichte. Diese Lehrsätze sollen unsere Wahrnehmung am gegenwärtigen Moment verankern und eine Gewohnheit daraus machen, anstatt etwas, an das wir uns nur erinnern und gelegentlich tun. Ich nenne das die Stabilisation der Wahrnehmung: Unser Bewusstsein ist dann ständig mit dem ihm inne wohnenden Frieden und seiner Stabilität verankert, unabhängig davon, was in unserem Umfeld aufkommt.

DIE KONTROLLE VERLIEREN

Es war einmal ein großer Fluss, der seit seinen bescheidenen Anfängen als Gebirgsbach davon träumte, den Ozean zu erreichen. Seine Reise führte ihn durch Wälder und Schluchten, durch Ebenen und Hohlwege, bis er eines Tages die Wüste erreichte. Genauso wie er bislang alle anderen Hindernisse überwunden hatte, versuchte der Fluss nun, durch die Wüste zu ziehen, musste aber bestürzt feststellen, dass sein Wasser verdunstete, sobald es den heißen Sand berührte.

Doch der Fluss war davon überzeugt, dass es seine Bestimmung war, den Ozean zu erreichen und so versuchte er mit aller Kraft, die Dünen zu durchqueren. Das war aber eine unmögliche Aufgabe. Egal, wie sehr es der Fluss auch versuchte, er konnte die Wüste nicht bezwingen.

Als er schließlich alle Hoffnung aufgab, flüsterte ihm die Wüste zu: "So wie der Wind die Wüste quert, so kann es auch der Fluss."

Der Fluss widersprach und beklagte sich darüber, dass sein Wasser vom Sand aufgesogen würde, egal, wie sehr er sich auch bemühte. Der Wind könne die Wüste durchqueren, weil er fliegen kann.

"Dich heftig gegen mich zur Wehr zu setzen, wird dir nicht dabei helfen, mich zu durchqueren", sagte ihm die Wüste. "Du wirst dann völlig verschwinden oder zum Sumpf werden. Du musst dem Wind erlauben, dich zu deinem Ziel mitzunehmen. Du musst dich vom Wind aufnehmen lassen."

Dieser Gedanke war für den Fluss nicht akzeptabel. Nach allem, was er durchgemacht hatte, war er doch noch niemals mitgenommen worden. Er wollte seine Einzigartigkeit nicht verlieren, denn würde er sie sonst jemals wieder zurückbekommen?

Wenn Sie Ihre Individualität aufgeben, werden Sie zum Ganzen.

"Der Wind", sagte die Stimme, "wird auch diese Funktion erfüllen. Er wird dein Wasser durch die Wüste tragen und dann als Regen fallenlassen. Dann kann dein Wasser wieder zu einem Fluss werden."

"Woher weiß ich, dass das stimmt?"

"Es ist einfach so, und wenn du nicht darauf vertraust, ist es deine Bestimmung, zum Sumpf zu werden ... und ein Sumpf ist mit Sicherheit nicht das gleiche wie ein Fluss."

"Aber kann ich nicht weiter einfach der Fluss sein, der ich jetzt bin?"

"Du kannst unter keinen Umständen so bleiben, wie du jetzt bist", fuhr die Stimme fort. "Das, was dich ausmacht, wird weitergetragen und einen neuen Fluss bilden. Du nennst dich nur 'Fluss', weil du nicht weißt, was dich ausmacht."

Als der Fluss das hörte, begann ein fernes Echo jenseits seiner Gedanken nach ihm zu rufen. Er erinnerte sich vage an ein Stadium, in dem er, oder ein Teil von ihm — welcher Teil es wohl gewesen war? — in den Armen des Windes getragen wurde. Er erinnerte sich auch daran — oder stellte er es sich nur vor? — dass dies wirklich das war, was er tun sollte, auch wenn es so gar nicht danach aussah.

So kam es, dass der Fluss sein Wasser in die offenen Arme des Windes legte, der es sanft hoch in den Himmel hob und schnell von dannen trug, bevor er es schließlich als Regen wieder in das Meer fallen ließ.

Zum Nachdenken

In welchen Bereichen Ihres Lebens versuchen Sie allzu sehr, die Dinge zu kontrollieren?

- Versuchen Sie gewohnheitsmäßig, Ihren Partner zu kontrollieren? Das Bedürfnis, zu kontrollieren, entspringt der Angst, nicht der Liebe. Wenn Sie Ihren Partner wirklich lieben, lassen Sie ihn. Achten Sie mehr auf sich, und lernen Sie die Art und Weise lieben, wie Ihr Partner die Dinge angeht, anstatt dass er sich so verhält, wie Sie es tun würden.
- Haben Sie versucht, Ihren Tagesplan bis ins Detail zu organisieren und waren Sie dann gestresst, wenn die Umstände nicht Ihrem Plan entsprachen und Sie mehr oder weniger Zeit hatten, als erwartet? Organisation ist eine feine Sache — ich bin selbst ein gut organisierter Mensch — aber erkennen Sie die Dinge, die Sie nicht ändern können und regen Sie sich nicht auf, wenn es nicht so läuft, wie Sie wollen. Leistungsfähig ist, wer in der Lage ist, mit dem Fluss zu

schwimmen und nicht wer seinen Kopf gegen die Wand schlägt, weil sie nicht weichen will.

- Setzen Sie sich Ziele und hegen Sie dann große Erwartungen dahingehend, wie Sie denken, dass sich die Dinge entwickeln? Erwartungen sind im Grunde genommen die Bedingungen, die wir an diese Welt knüpfen, starre Vorstellungen davon, wie die Dinge sein sollten. Wenn dann die Dinge nicht so ausgehen, wie erwartet, sind wir enttäuscht und frustriert. Lassen Sie Ihre Erwartungen los und arbeiten Sie weiter auf Ihre Ziele zu. Geben Sie sich dabei innerlich dem hin, was ist.

Kapitel 9

Illusion Nr. 9: Es ist gut, unangenehme Gefühle zu ignorieren

GLAUBE: *Wenn ich Dinge nicht beachte, verschwinden sie.*

WIRKLICHKEIT: *Wenn ich mich weiterentwickeln will, muss ich mich meinen Gefühlen stellen und meine Ängste freudig annehmen.*

Ich war während meiner vor kurzem durchgeführten Reise in die Niederlande fasziniert von den bemerkenswerten Techniken, die niederländische Ingenieure eingesetzt hatten, um große Bereiche vom Meer zurückzugewinnen. Das Land selbst ist ein Triumph der menschlichen Genialität.

Überraschenderweise waren einige Deiche, die das Wasser zurückhalten sollten, aus Sand gebaut. Man würde doch annehmen, sie würden alle Deiche aus Stahl und Beton bauen, damit sie der Kraft des Ozeans standhalten können, aber die Ingenieure sahen ein, dass das Meer zu kraftvoll war, um dagegen anzukämpfen. Also haben sie nicht versucht, es abzublocken, sondern lassen es durch die Deiche sickern. Ich war erstaunt, als ich erfuhr, dass das Wasser durch die Deiche gefiltert wird. Ihm wird das Salz entzogen, daher ist es auf der anderen Seite Trinkwasser.

Das erschien mir wie eine wundervolle Analogie für einen Heilungsprozess. Wenn wir uns gegen unsere Ängste und aufgestauten Gefühle wehren, kann ihre Kraft uns zerstören. Der

Druck baut sich solange auf, bis er nicht mehr zurückgehalten werden kann und in Form von Wut, Gewalt oder Verzweiflung explodiert oder sich sogar als körperliche Erkrankung manifestiert. Wenn wir aber unseren Gefühlen erlauben, durch uns hindurch zu fließen, werden sie wie das Salzwasser gereinigt und unsere angesammelten Gefühle können in einen Fluss der Liebe übergehen. Indem wir die Kräfte in uns umarmen, akzeptieren und sie in uns fließen lassen, werden wir Harmonie finden.

VERMEIDEN SIE IHRE GEFÜHLE?

Gefühle sind ein natürlicher Teil des menschlichen Lebens. Wenn wir uns bemühen, eine gesunde Beziehung zu uns selbst herzustellen, ist es lebensnotwendig, sie freudig zu akzeptieren. Die meisten unter uns haben schon in jungen Jahren gelernt, dass es bestimmte Gefühle gibt, die "schlecht" sind oder unangebracht — zum Beispiel wenn uns gesagt wurde, dass wir nicht weinen dürfen oder wütend sein.

Indem wir diese Gefühle verleugnen, werden wir sie nicht los. Wenn ein Gefühl nicht beachtet wird, bleibt es in uns bestehen, baut sich auf und beteiligt sich an der riesigen Belastung, die unterdrückte Gefühle mit sich bringen. Mit der Zeit verändern sich diese Emotionen: Aus Ärger wird Hass oder Groll und explodiert schließlich in Anfällen von Wut und Gewalt; aus Traurigkeit wird eine Depression.

Wir müssen uns nur ein Kind anschauen, um zu sehen, wie natürlich Gefühle sind. Kinder werden mit einer spontanen Leichtigkeit wütend und traurig, aber sie haben die angeborene Fähigkeit, überall Freude und Unterhaltung zu finden. Für sie ist die Welt ein magischer Ort und sie sind in der Lage, Wunder zu entdecken, wo Erwachsene nur Langeweile vorfinden. Das liegt genau daran, dass sie keinen einzigen Aspekt ihres emotionalen Spektrums verleugnen. Sie umarmen es vorurteilsfrei mit all seinen Schattierungen als natürliche Bestandteile der menschlichen Erfahrung. Daher empfinden sie Ärger intensiv, aber nur kurz. Fünf Minuten später haben sie bereits völlig vergessen, worüber sie sich eigentlich geärgert haben und gehen schon in der Aufregung eines neuen Augenblicks auf, in ihrer nächsten Entdeckung.

Manchmal, wenn wir auf spirituellen Wegen wandeln, wenden wir die gleichen "wir sollten" und "wir sollten nicht" unserer Kindheit an, um uns auf den Prozess des Wachstums zu konditionieren. Dabei versuchen wir uns selbst in die Schubladen von "guten" Mädchen oder Jungs zu stecken — ein Image, das nicht so weit entfernt von den Erwartungen ist, die sowohl die Eltern als auch die Gesellschaft in uns gesetzt haben. Die Suche nach bedingungsloser Liebe wird dabei eine Frage des Benehmens: Wir versuchen, Liebe und Mitgefühl nachzuahmen, ohne es jemals erlebt zu haben. Das führt schließlich zu noch mehr Unmut und Frustration, denn wie können wir uns gegenseitig freudig in unserer Perfektion annehmen, wenn wir uns selbst noch immer als unperfekt ansehen? Wie können wir uns anderen gegenüber mitfühlend verhalten, während wir uns noch nicht einmal selbst lieben? Bei dem Versuch, sich von den Beschränkungen der Vergangenheit zu befreien, springen wir in eine Schublade, die oftmals noch enger und starrer ist als die zuvor.

Um unsere Göttlichkeit zu erfahren, müssen wir erst einmal unser Menschsein annehmen. Um bedingungslos zu lieben, müssen wir erst unsere eigene Perfektion entdecken. Nehmen Sie Ihren Ärger, nehmen Sie Ihre Traurigkeit freudig an: Sie werden nicht frei davon, indem sie diese Gefühle verleugnen, sondern indem Sie sie akzeptieren. Indem Sie sich erlauben, die angesammelten Gefühle in sich zu spüren, machen Sie anderen Dingen den Platz frei. Den Platz zu sein, den Platz zu lieben, den Platz zu entdecken, wer Sie wirklich sind.

Schwamm drüber: Lassen Sie Ihren Groll los

Groll baut sich auf, sobald wir den Menschen in unserem Leben gegenüber nicht ehrlich sind. Was ungesagt bleibt, verursacht Unmut. Oft sind es kleine Dinge, die sich auftürmen, bis das kleinste Ereignis eine explosive Reaktion verursacht. Versuchen Sie, die folgenden Gewohnheiten anzunehmen, damit Sie sich von allem Unmut befreien können.

Sagen Sie, was Sie empfinden, in dem Moment, in dem Sie es empfinden

Die Wahrheit zu sagen fällt uns am schwersten — besonders bei den Menschen, die wir lieben und schätzen — und wenn sie uns verärgert haben, ist es oft besonders schwierig. Der Grund, warum das so schwer ist, liegt in unserer Angst vor Zurückweisung, davor, ihre Zustimmung und letztendlich ihre Liebe zu verlieren. Aber wenn wir nicht sagen, was wir fühlen, speichern wir innerlich die Irritationen oder Konflikte, die ihre Handlungen bei uns ausgelöst haben. Sie fügen sich den vielen ähnlichen Ärgernissen hinzu, die wir im Laufe der Beziehung bereits unterdrückt haben. Diese Gefühle werden zu einer energetischen Barriere, die verhindert, dass die Liebe frei fließen kann. Jedes Mal, wenn wir die Person sehen, erinnern wir uns unbewusst an die Momente, die uns geärgert haben, und anstatt dass wir nun im Hier und Jetzt diese Person, so wie sie ist, in jedem neuen Augenblick freudig umarmen, sind wir abgelenkt und konzentrieren uns darauf, was wohl falsch ist. Damit hat die Beziehung ihre Ungezwungenheit verloren.

Wenn wir vorgeben, nett und freundlich zu sein, werden unsere Handlungen zu einer Darbietung — einem Akt, in dem wahre Liebe schwer zu finden ist. Wenn wir uns andererseits dazu entscheiden, der Angst, abgewiesen zu werden, ins Gesicht zu sehen und zu sagen, was wir wirklich fühlen, passiert etwas Unglaubliches. Unsere Transparenz macht uns frei und ermöglicht uns, die Urteile und Gefühle, die wir im Laufe der Zeit aufgebaut haben, freizugeben und den Unmut loszulassen. Wir können dann zu der Anerkennung und Unschuld zurückkehren, mit der die Beziehung begann.

Sehr viele Paare wachsen aufgrund dieses Musters auseinander: Aus der Angst heraus, den jeweils anderen zu verlieren, verbergen sie ihre wahren Gefühle. Das Ergebnis? Zwei Menschen, die sich körperlich nahe, aber innerlich getrennt sind.

Entwickeln Sie eine liebevolle Beziehung zu sich selbst

Die meisten von uns gehen Kompromisse ein, um akzeptiert und geliebt zu werden. Sie geben sich selbst auf und tun, was andere Menschen wollen — was die Eltern wollen, der Ehepartner, die Gesellschaft. Jetzt können wir eine neue Wahl treffen, eine höhere Wahl, indem wir anfangen, uns selbst bedingungslos zu lieben und uns genau so zu akzeptieren, wie wir sind.

Das Bedürfnis, von unseren Angehörigen geliebt zu werden und das Bedürfnis, ihre Meinung über uns zu kontrollieren und zu manipulieren, kommt von unserem Bedürfnis nach Anerkennung und Liebe. Erst wenn wir die Fähigkeit verloren haben, uns selbst zu akzeptieren, beginnen wir damit, uns darüber Gedanken zu machen, was andere Leute denken und fangen damit an, uns zu verstecken und zu verrenken, um das zu werden, von dem wir denken, dass es "gut genug" sei. Um das zu ändern, müssen wir nach innen gehen und uns ehrlich betrachten.

Beginnen Sie damit, auf sich zu hören. Kümmern Sie sich weniger darum, wie man Ihnen von außen erzählt, dass Sie sein sollen und fangen Sie an, auf die Stimme Ihres eigenen Herzens zu hören. Dann wird es Ihnen leichter fallen, von Ihrer eigenen Wahrheit zu sprechen und Ihr Bedürfnis nach Bestätigung loszulassen.

Gefühle spüren

Um die Belastungen abzubauen, die durch den Unmut verursacht werden, der sich in Ihnen aufgebaut hat, müssen Sie sich erlauben, zu fühlen. Werden Sie wütend oder gestatten Sie sich, traurig zu sein. Wenn Sie das tun, werden Sie feststellen können, dass sich der Unmut und die Bitterkeit aus Situationen der Vergangenheit langsam lösen und Sie wieder in der Lage sind, die Magie und die unschuldigen Wunder der Kindheit zu erleben.

SCHÜCHTERNHEIT UND UNSICHERHEIT
ÜBERWINDEN

Sobald Schüchternheit unsere Talente überschattet, verpassen wir Gelegenheiten, zu wachsen und weiterzukommen. Wir werden Gefangene in einem ewigen Kreislauf von Unsicherheit und Frustration.

Schüchternheit wird oft durch Desinteresse und Gleichgültigkeit verdeckt, aber ihre Wurzeln gehen viel tiefer. Wenn wir tief in das Gefühl der Schüchternheit hineinsehen, entdecken wir blanke Angst — Angst vor dem, was die Leute von uns denken könnten, Angst vor Missbilligung.

Die einzige Möglichkeit, um Schüchternheit abzulegen, ist Sicherheit in uns selbst zu finden und den Punkt zu erreichen, an dem das, was wir von uns denken, wichtiger wird als die Meinung von Fremden. Schüchternheit wird von selbstkritischen Gedanken genährt. Oft wurden uns diese Gedanken von einer wertenden oder autoritären Figur in unserer Vergangenheit anerzogen, die uns das Gefühl gab, weniger Wert zu sein, als wir wirklich sind. Manchmal hat auch ein bestimmtes traumatisches oder schreckliches Erlebnis in unserer Vergangenheit seine Spuren hinterlassen und unsere natürliche Art, uns auszudrücken, gelähmt. Ersetzt wurde sie durch die Angst, aufzufallen und durch ein inneres Gefühl von Unzulänglichkeit. Unabhängig davon, woher die Schüchternheit kommt, sobald sie spürbar wird, ist es wichtig, auf das eigene Herz zu hören und tiefer zu gehen, hinter die Angst und die natürlichen Talente sichtbar werden zu lassen, anstatt die gleichen, alten defensiven Verhaltensmuster anzuwenden.

Während der Zeit meines Lebens, als ich anfing, professionell zu singen, begegnete ich jeder Herausforderung mit Alkohol. Ich war so unglaublich schüchtern, dass ich trank, um meine Unsicherheit zu übertünchen. Ich hatte schreckliche Angst davor, was die Leute von mir denken könnten, und wenn ich etwas getrunken hatte, fühlte ich mich mutig. Das einzige, was ich betrunken nicht konnte, war singen, denn dann traf ich die Töne nicht richtig. Daher zitterte ich, als ich das erste Mal nüchtern eine Bühne betrat. Ich hatte so große Angst, dass ich mich hinter den Gitarristen stellte. Das erste Lied, das ich sang, war "I Fall to Pieces" von Patsy Cline (zu deutsch: Ich falle auseinander), und kein anderer Satz hätte meinen emotionalen Zustand in diesem Moment besser beschreiben können. Ich zerfiel wirklich in meine Einzelteile und natürlich waren alle meine Freunde gekommen, um mich singen zu hören — was die Sache nur verschlimmerte. Aber ich schaffte es. Ich weiß nicht, ob ich gut gesungen habe, aber wichtig war, dass ich überhaupt gesungen habe. So kann man die Angst durchdringen — indem man etwas einfach tut.

Wenn Sie sich von einem neuen Projekt eingeschüchtert fühlen, verschwenden Sie keine Zeit, sich Sorgen zu machen. Wenn Sie Angst davor haben, das Altbekannte zu verlassen und etwas Neues auszuprobieren, dann laufen Sie einfach auf die neue Gelegenheit zu und lassen Sie das Alte los. Wenn die Angst kommt, gehen Sie weiter und geben Sie der Begeisterung des Herzens Nahrung, nicht den Zweifeln Ihres Gehirns.

Ihr Magen rebelliert, Sie fühlen sich unsicher, aber wenn Sie am Ball bleiben, werden Sie den Moment erreichen, an dem Ihre Angst durch die Begeisterung Ihres Herzens ausgeschaltet wird.

Es gibt keine Garantien für das Vertrauen, das sie in sich selbst setzen. Sie vertrauen, indem Sie vertrauen, indem Sie durch Ihre Ängste gehen und auf Schutz und Kontrolle verzichten. Sie vertrauen, indem Sie sich immer wieder dafür entscheiden, das Leben freudig anzunehmen, anstatt sich dagegen zu wehren, und wenn Sie das tun, werden Sie merken, dass Ihnen immer nur das Beste passiert, auch wenn es möglicherweise nicht so aussieht.

Sobald Sie in dem Bewusstsein von Liebe leben, gibt es nichts mehr, was Sie nicht tun können, denn Sie fühlen sich innerlich sicher. Dieses Gefühl von Sicherheit ist das Wichtigste, das Sie sich selbst geben können — denn Sie verdienen Liebe und Sie verdienen es, zu glänzen.

HÄNGEN SIE AN IHREM IMAGE?

Als Erwachsene fürchten wir, Anerkennung zu verlieren. Um von anderen akzeptiert zu werden, geben wir ständig etwas vor und kreieren ein falsches Bild von uns, das wir der Welt präsentieren, wobei wir unsere wahren Gefühle verstecken.

Sobald wir das tun, wenden wir uns von uns selbst ab. Die Anerkennung anderer Leute ist ein schwacher und unsicherer Ersatz für Eigenliebe. Sie wird niemals ausreichen, uns vollständig zufrieden zu stellen, denn wenn wir uns selbst ändern müssen, um geliebt zu werden, wie können wir uns dann jemals in unserer eigenen Haut wohl fühlen?

Es ist auf unserer Reise zurück zur Eigenliebe notwendig, uns so zu zeigen, wie wir sind und die Wahrheit zu sagen. Das ist zunächst beängstigend. Sobald wir damit anfangen, die Teile von uns zu zeigen, von denen wir gelernt haben, sie zu verstecken, ist Angst vor Zurückweisung unvermeidlich.

Die Wahrheit zu sagen, ist jedoch wie bei einem Muskel: Hier geht es um den Muskel des Herzens. Je mehr Sie diesen Muskel einsetzen, desto stärker wird er wachsen. Die Wahrheit wird zu einer Energie, die nach außen dringt: Es ist die Energie des Herzens.

Ein Image ist eine Kopie von etwas anderem, eine erfundene Idee. Kein falsches Bild wird es jemals zu der einzigartigen Leuchtkraft Ihrer inneren Diamanten bringen. Seien Sie Sie selbst und lieben Sie Ihre Einzigartigkeit vollständig. Dann werden Sie sich schließlich anerkannt fühlen, denn Sie erkennen sich selbst an.

ÄNGSTE ANNEHMEN

Wenn wir uns schließlich dazu entscheiden, uns die Aspekte anzusehen, die wir bisher nicht beachtet haben, ist es nur natürlich, Angst zu haben. Es ist unheimlich, sich die Dinge anzusehen, die wir an uns selbst verurteilen. Wie können wir diese Angst überwinden? Indem wir durch sie hindurch gehen. Wenn Sie durch Angst gehen, verschwindet sie.

Es war einmal ein Mann, der sich an seinem dreißigsten Geburtstag dazu entschloss, einen Selbsterfahrungskurs zu machen. Der Schulungsleiter sagte ihm, er müsse seinen Ängsten ins Auge sehen. Auf seinem Weg nach Hause zermarterte sich der Mann sein Gehirn, um herauszufinden, welches wohl seine größte Angst wäre, so dass er ihr entgegen treten könne. Plötzlich erinnerte er sich an das alte Haus am Rande der Stadt. Jeder wusste, dass es dort spukte und er hatte seit seiner Kindheit Angst davor. Er hatte schlimme Geschichten über Dinge gehört, die im Inneren des Hauses geschehen sein sollen, dass er sogar Angst hatte, an ihm vorbeizulaufen. Daher nahm er gewohnheitsmäßig einen Umweg, um von der Arbeit nach

Hause zu kommen, nur um nicht an diesem Haus vorbei-
laufen zu müssen.

Nachdem der Mann lange darüber nachgedacht hatte,
entschied er, dass dies seine größte Angst wäre und dass
er in diesem Haus eine Nacht verbringen müsse, wenn er
sich der Angst stellen wolle.

Obwohl jeder dachte, er sei verrückt, war er entschlos-
sen, die Aufgabe des Selbsterfahrungskurses zu erfüllen.
Er packte eine Taschenlampe und einen Schlafsack in
seinen Rucksack und machte sich auf den Weg die Straße
hinunter. Wolken bedeckten den Himmel und ließen ihn
alleine durch die schwarze, sternenlose Nacht wandern.

Als er die riesigen Eisentore erreichte, fing sein Herz an,
wie wild zu klopfen, aber er war entschlossen. Er öffnete
die knarrenden Tore, ging durch sie hindurch und bahnte
sich seinen Weg nach unten zu dem gähnenden schwarzen
Abgrund der dunklen Eingangstür. Er zuckte erschrocken
zusammen, als die Tore hinter ihm zuschlugen, aber er
setzte seinen Weg fort. Das Haus war groß und bedroh-
lich im Dunkeln und die alten Fensterläden verhinderten,
dass man ins Innere sehen konnte.

Als er in den düsteren Flur ging, begann ein Wind durch
die Gänge zu pfeifen. Er wirbelte den dicken Staub in die
Luft und rüttelte an den Spinnweben, die in jeder Ecke
hingen.

Auf seinem Weg zu der knarrenden Treppe hielt er mehr
als einmal an, wobei er davon überzeugt war, dass eines
der verschrumpelten, alten Gesichter auf den vielen, an
der Wand hängenden Portraits sich nach ihm umgedreht
hatte und ihn mit Abscheu anstarrte. Er riss sich zusam-
men und setzte seinen Weg ins Dachgeschoss fort. Er war
entschlossen, seiner Angst direkt ins Gesicht zu sehen
und obwohl er am ganzen Körper zitterte, konnte ihn
nichts aufhalten.

Als er schließlich das kleine Dachzimmer am Ende der
Wendeltreppe erreichte, packte er seinen Schlafsack aus
und ließ sich dort für die Nacht nieder.

Es ist gar nicht einmal so schlecht, dachte er noch, bevor er in einen warmen, tiefen Schlaf fiel. Plötzlich wurde er von einem lauten Krach aus dem Schlaf gerissen. Ängstlich und desorientiert sprang er auf und horchte an der Tür. Sein Herz setzte einen Schlag aus, als er schwere Schritte hörte, die — bum, bum — die Treppe herauf kamen.

Als er sich vorzustellen begann, was für eine schreckliche Bestie er wohl gleich sehen würde, drang ein erstickter Heulton aus dem Treppenhaus, der von Kettenrasseln begleitet wurde.

Angst ist nur Liebe mit einem häßlichen Gesicht.

Während es ihn vor Angst schüttelte und ihm klar wurde, dass es hier oben keinen Ausweg gab, hörte er das Monster die Treppen hinaufsteigen, direkt auf den Raum zu, in dem er kauerte.

Kurz bevor das Monster die Tür des Raumes erreichte, traf der Mann eine Entscheidung und sagte sich, es wäre ihm ganz egal, wie schrecklich das Monster sei. Was auch immer durch diese Türe käme, er wolle es freudig umarmen!

In diesem Moment erwachte er. Warmes Morgenlicht drang durch die alten Fensterläden.

Es hatte gar kein Monster gegeben, es war nur ein Traum gewesen!

Wenn sie sich trauen, Ihre Monster zu umarmen, werden sie verschwinden.

Zum Nachdenken

• Gibt es eine bestimmte Beziehung in Ihrem Leben, in der Sie Ihre Gefühle unterdrückt haben, anstatt Ihre Meinung laut auszusprechen? Wenn ja, sollten Sie dieser Person Ihr Herz ausschütten und sie wissen lassen, was Sie stört. Sprechen Sie mit Liebe und Mitgefühl und seien Sie offen, was diese Person Ihnen als Antwort zu sagen hat. Spüren Sie, wie Sie sich danach fühlen und wie sich die Beziehung anfühlt. Entweder wurde die Beziehung in ihrer Zuneigung gestärkt oder Sie wissen jetzt, dass es Zeit ist, zu gehen. So oder so werden Sie sich wahrscheinlich sehr erleichtert fühlen, weil Sie Ihre unterdrückten Gefühle offen angesprochen haben.

- In welchen Situationen gehen Sie zurück, anstatt vorzutreten? Listen Sie diese Situationen auf. Allein indem Sie sie aufschreiben, werden Sie ehrlicher mit sich in Bezug auf das sein, was Sie erreichen wollen und Sie werden danach eher in der Lage sein, in Richtung Ihrer eigenen Größe gehen zu können. Machen Sie einen weiteren Schritt nach vorne, wann immer Sie das Gefühl haben, dass Sie sich selbst ausbremsen. Sorgen Sie sich nicht um mögliche Konsequenzen — gehen Sie einfach weiter vorwärts, lösen Sie Ihre Bremsen Stück für Stück und schon bald werden die Dinge wieder natürlich fließen.

TEIL II

Lassen Sie Ihre Rollen und Aufgaben vom Bewusstsein der Liebe durchströmen

Im Alter von achtundzwanzig Jahren verlor ich alles. Ich verlor mein Geld, mein Eigentum, meine soziale Stellung, meinen Freund, meine Großmutter, die mich mit meinen Eltern aufgezogen hatte und meinen Vater. Meine Mutter hatte in dieser Zeit einen Schlaganfall. Alles, was mir in meinem Leben äußere Sicherheit verliehen hatte, wurde innerhalb von sechs Monaten komplett ausgelöscht.

Aus dieser Zeit des Verlustes stammt das Bild von mir als eine Frau, die in Stücke zerrissen wurde. Die Rollen, mit denen ich mich so lange Zeit identifiziert hatte, gab es nicht mehr und mit ihnen verschwand auch mein Gefühl für mich selbst.

Nun, viele Jahre später, schaue ich zurück auf die Person, die ich einmal war und fühle mich, als wäre ich ein ganz anderer Mensch. Die Verwandlungen, die ich in dieser Zeit durchmachte, brachten mich schließlich nach Südamerika und mein Leben nahm eine Richtung, von der ich niemals zu träumen gewagt hätte.

Dass ich alles verloren hatte, was mir lieb und teuer war, gab mir die Freiheit, mich selbst neu zu erfinden, ungehindert von den Vorstellungen, die ich einmal darüber hatte, wer ich sein sollte. Das ist der Grund, warum ein Verlust ein so großartiger Lehrmeister sein kann, denn angesichts eines Verlustes sind wir mit unseren eigenen Gefühlen der Leere konfrontiert. Plötzlich sind wir nicht mehr in der Lage, uns mit unseren selbstgewählten Süchten oder Wahnvorstellungen abzulenken und werden uns der großen Lücke in unserem Inneren bewusst, denn nun liegt sie offen sichtbar da und man kann sie unmöglich länger ignorieren. Wir haben dann zwei Möglichkeiten: Wir können versuchen, sie wieder zu verstecken, indem wir das wieder aufbauen, was wir verloren haben, indem wir wieder stereotype Rollen einnehmen und/oder wieder Zuflucht in den alten oder in neuen Formen von Ablenkung suchen; oder wir können uns schließlich dazu entscheiden, die Verantwortung für unsere eigene Unzulänglichkeit zu übernehmen und mit der notwendigen Arbeit beginnen, Erfüllung in uns selbst zu finden.

Aber es bedarf nicht etwa einer persönlichen Tragödie oder eines Verlustes, der uns dazu befähigt. Wir können uns dafür entscheiden, unsere Chancen jetzt und sofort zu nutzen — letzten Endes, selbst wenn in unserem eigenen Leben keine turbulenten Veränderungen stattfinden, können wir doch klar erkennen, dass sich die Dinge in der ganzen Welt sehr schnell verändern. Vor Jahrzehnten haben Ängste, die sich hinter Vorurteilen versteckt haben, Ideologien aller Art hervorgebracht, die unsere Handlungen als Mensch regelten und uns sagten, wie wir sein sollten, wobei sie die Gefühle und Wünsche der einzelnen Menschen unverhohlen missachteten. Am jetzigen Punkt der Menschheitsgeschichte werden lang gehegte, starre Vorstellungen von Geschlecht, Beruf und familiärer Rolle durch ein Gefühl von "alles ist möglich" ersetzt: Männer bleiben zuhause und kümmern sich um die Kinder, Frauen übernehmen Machtpositionen in der Wirtschaft und in der Regierung, Männer unterziehen sich chirurgischen Eingriffen, um Frauen zu werden und umgekehrt. Eltern ermutigen ihre Kinder, erwachsene Entscheidungen zu treffen, anstatt ihnen zu diktieren, wie sie sich verhalten sollen und anstatt sie hart zu bestrafen, wenn sie von den vorgefassten Meinungen darüber abweichen, wie man sich angemessen verhält. Wie niemals zuvor in der Geschichte haben wir die Macht, die Schubladen, in die wir uns selbst stecken, genauso zu prüfen, wie die Rollen, die wir spielen, anstatt blind den etablierten Normen zu folgen.

Der folgende Vorfall, der stattgefunden hat, nachdem ich mein erstes Erholungszentrum in Kolumbien gegründet hatte, zeigt, wie illusorisch die Etiketten sind, die wir uns selbst und anderen verpassen.

Nachdem ich durch den Dschungel gefahren war, fragte ich den Fahrer nach dem Namen des paramilitärischen Leiters. Ich war auf dem Weg, ihn zu besuchen, nachdem ich vor kurzem in etwas angekommen war, das sich als sein Territorium herausstellte. Der direkt am Meer gelegene Hügel, auf dem wir unser Zentrum gebaut hatten, war in der Mitte einer sogenannten roten Zone gelegen, die von den paramilitärischen Truppen "geschützt" wurde. Sie sahen über uns hinweg wie die Sierra Nevada de Santa Marta, das höchste Küstengebirge der Welt.

Es stellte sich heraus, dass sein Name Jesus war. Ironisch dachte ich bei mir, dann *lass' uns mal hoffen, dass Jesus mein Freund ist.*

Jesus war es. Er war charmant und entzückt darüber, dass ich eine Form der Bewusstseinserweiterung so nahe an seiner geliebten Stadt unterrichte. Wenn ich irgendwelche Probleme hätte, versicherte er mir, würde er sich sofort um denjenigen kümmern, der meinen Aufenthalt beeinträchtigte. Ich vermied es, ihn zu fragen, was genau er mit diesen Menschen vorhätte und entschied mich dazu, nur freundlich zu lächeln.

Hier war ich also, eine spirituelle Lehrerin mitten im Dschungel und sprach über Vereinigung in einer Provinz, wo die Paramilitärs und die Guerillasoldaten nur ihre Abneigung gegen die Regierung miteinander gemein hatten.

Eines Morgens übertönte das Geräusch von schweren Schritten das rhythmische Grollen des Ozeans, das uns normalerweise aus dem Bett lockte. Eine Truppe schwer bewaffneter Soldaten stapfte zielstrebig die Treppen hinauf. Schwarz gekleidet und mit Handgranaten und Gewehren so beladen, dass es schon alleine eine sportliche Leistung war, sie mit sich herumzutragen, versammelten sie sich ernst auf unserer Veranda. Vor der spektakulären, tropischen Kulisse sahen sie wie Eindringlinge in jemandes Urlaub aus.

Sie waren von der Drogenpolizei und standen unter dem Kommando von Präsident Uribe, aber das wussten wir erst, nachdem sie sich vorstellten. Nach ein paar barschen Fragen zu unseren Vorhaben in dieser Gegend legten sie ihre Maschinenpistolen, Handgranaten und Patronengurte ab und setzten sich, um sich eine kurze Einführung in die Arbeit unserer Stiftung anzuhören.

Während sie uns zuhörten, wie wir über das Bewusstsein von Liebe, über bedingungslose Liebe und die Einheit jenseits unserer sichtbaren Unterschiede sprachen, bekundeten ihre Gesichter aufrichtiges Interesse und Neugier. Aber am aussagekräftigsten waren ihre Antworten auf die Frage: "Was wünschen Sie sich?"

Egal, wohin ich auf dieser Welt gehe, egal ob ich vor einem Hochsicherheitsgefängnis oder einem internationalem Forum spreche, mit Senatoren, katholischen Nonnen oder ehemaligen Guerillasoldaten — sie alle haben die gleichen Antworten.

"Friede", sagte einer der Soldaten. "Liebe", murmelte ein anderer.

Friede.

Hinter unseren sichtbaren Unterschieden liegt der gemeinsame Kern unseres Bewusstseins, der uns ungeachtet aller Unterschiede vereinigt. Ich schlage daher vor, dass wir uns künftig darauf konzentrieren, statt auf die Dinge, die uns scheinbar unterscheiden. Vielleicht entdecken wir dann den Frieden, nach dem wir uns so sehnen.

Was sehen Sie, wenn Sie sich einen Soldaten anschauen? Können Sie durch seine Uniform hindurch sehen und mit ihm über das sprechen, was Sie beide vereint?

Was ist, wenn Sie an einen Mann, eine Frau, eine Mutter, einen Vater, einen Ehemann, eine Ehefrau, einen erfolgreichen Geschäftsmann, einen Chef denken — haben Sie gewisse Vermutungen darüber, was diese Titel bedeuten? Der Teppich unserer Wahrnehmung ist mit dem Faden der Menschen um uns herum geknüpft. Unsere Mütter und Väter, Schullehrer und Politiker, Nachbarn und religiöse Figuren - sie alle weben ihre Farben in den Stoff unserer Erziehung. Da unsere Wahrnehmung von diesem Netz aus Meinungen und äußeren Einflüssen geprägt ist, nehmen wir das Bild an, das die Gesellschaft von uns gemalt hat, anstelle dessen, wie wir wirklich sind, bis wir uns endlich dafür entscheiden, uns unserer eigenen Wahrheit bewusst zu werden.

Nachdem wir nun die am häufigsten vorkommenden Illusionen unserer Zeit erkundet und offen gelegt haben, können wir tiefer in unsere Verwandlung eintauchen. In diesem Abschnitt des Buches werden wir daran arbeiten, die Klischees und vorgefertigten Rollen abzubauen, die uns in Verurteilungen und Abtrennungen gefangen halten, die sowohl das Feuer der Dualität als auch die Meinungen des Geistes am Leben erhalten. Was bedeuten diese zwischenmenschlichen Rollen aus Sicht der Erleuchtung? Wir haben bereits festgestellt, dass das Bewusstsein von Liebe ohne Grenzen, starre Erwartungen oder Regeln lebt, wie also sollen wir uns in diesen Rollen verhalten? Wir werden die häufigsten Rollen untersuchen und sie in die Erfahrung des Bewusstseins von Liebe verwandeln. Wir werden dabei lernen, wie wir sie nicht so ausführen, wie wir denken, dass wir sie ausführen sollten, indem wir uns von den Stereotypen verabschieden, die uns die Gesellschaft in Form von Märchen, Mythen und Populärkultur in unsere Seelen geprügelt hat, sondern stattdessen wir selbst sind und alle unsere Handlungen mit Mitgefühl und dem Bewusstsein von Liebe durchströmen lassen. Wenn wir das tun, werden wir bessere Männer, Frauen, Mütter, Väter, Liebhaber, Lebensgefährten, Angestellte und Unternehmer sein als jemals zuvor.

Kapitel 10

*Lösen Sie sich von althergebrachten
Vorstellungen über unsere Geschlechterrollen*

K ürzlich sah ich einen Dokumentarfilm über Babys, der
sehr deutlich zeigte, wie sich die Kinder aus allen Kulturen gleichen und dass sie in den ersten Monaten ihres Lebens identische Formen des Ausdrucks zeigen. Dann, Stück für Stück, beginnen die sozialen Normen sie zu verändern, allein durch die Spiele und Aktivitäten ihres Umfelds, und ihre Verhaltensweisen beginnen, diese Konditionierungen zu spiegeln.

Die wohl grundlegendste Art der Konditionierung, die man uns als Babys unterschiebt, ist unsere geschlechtliche Identität. Vom Augenblick unserer Geburt an stellen die Menschen Hypothesen über uns auf, die auf unserem Geschlecht basieren (und seit es Ultraschalltechnologie gibt, begann das für viele von uns sogar schon vor unserer Geburt). Kleine Mädchen bekommen rosafarbene Kleidung und Puppen zum spielen. Jungs werden blau angezogen und bekommen Spielautos. Diese Entwicklung hält die ganze Kindheit hindurch an, und bis wir erwachsen werden, haben wir uns so sehr daran gewöhnt, uns so zu verhalten, wie Frauen oder Männer sich in vielerlei Hinsicht verhalten sollten, dass wir gar keine Ahnung haben, wie wir ohne diese Geschlechterrolle wären.

Rund um Männlichkeit und Weiblichkeit haben sich die dazu gehörigen "ismen" entwickelt — "Machoismus" (bekannt als Machismo) und Feminismus — und die Klischees wurden auf die Spitze getrieben, als wir die Geschlechter sogar unterschiedlichen Planeten zugeordnet haben! Lassen Sie uns diese Gelegenheit ergreifen, um einige Annahmen darüber genauer anzusehen, was es heißt, ein Mann oder eine Frau zu sein. Dann können wir uns über sie hinaus bewegen! Wie letzten Endes auch der Film über die Babys zeigte, beginnen wir alle gleich und wir alle können diese gemeinsame Essenz freudig annehmen und wieder zu vollständigen Wesen werden.

MÄNNER

In früheren Zeiten konnte sich ein Mann nicht seelisch verwundbar zeigen, ohne dafür diskriminiert oder verurteilt zu werden. Nur Wut war erlaubt. Trauer wurde als Schwäche betrachtet. Umgekehrt war den Frauen Traurigkeit erlaubt, dafür durften sie nicht wütend werden. Heutzutage ist das ganz anders, aber trotzdem sind viele von uns von diesen Regeln geformt worden.

Wir haben gelernt, dass Männer stark sein müssen und keine Schwäche zeigen dürfen. Oft haben wir das dahingehend übersetzt, dass Männer nie um Hilfe bitten dürfen, sehr zum Ärger aller Frauen, die ihre Ehemänner nicht davon überzeugen können, nach dem Weg zu fragen, wenn das Navigationssystem sie in die falsche Richtung schickt. Doch das größte Opfer, das dem Klischee der Männlichkeit abverlangt wurde, ist der Verlust der Sensibilität — in der eigentlich die wahre Stärke liegt.

Das männliche Klischee sieht den Mann als Ernährer und Entscheider. Es sagt ihm auch, er solle seine Gefühle und sogar bestimmte Aspekte seiner Kreativität verleugnen. Ich erinnere mich, wie ich vor Jahren nach einem harten Arbeitstag erschöpft zuhause ankam und dort meinen langjährigen Lebenspartner antraf, wie er aufmerksam den Kochanweisungen meiner Mutter am Telefon lauschte, während er in einer stark rauchenden Pfanne rührte. Die Pfanne sonderte seltsamere Gerüche ab, als man sich vorstellen kann, die Küche war mit dreckigen Töpfen und Pfannen übersät und in einem Zustand des völligen Chaos. Als ich durch die Tür kam, kündigte er stolz "Fleisch mit dreierlei Gemüse" an, als hätte er persönlich das letzte Geheimnis der häuslichen Glückseligkeit und der ausgewogenen Ernährung entdeckt. Ich war ratlos und versuchte zu verstehen, wie er es geschafft hatte, auch seine schmutzige Wäsche gleichmäßig über jedes einzelne Möbelstück und über jede sichtbare Oberfläche im Haus zu verteilen. Mir wurde schnell klar, dass er gerade extrem das Klischee der Männlichkeit auslebte, während er verzweifelt, wenn auch vergeblich versuchte, den Anschein zu erwecken, er wäre frei davon.

Der intensive Wettbewerb, den sich die moderne Männlichkeit selbst auferlegt, erhöht bei Männern nur das Gefühl des Mangels. Es wird Zeit für eine neue, aufgeklärte Männlichkeit, eine, die Zusammenarbeit der Herrschaft vorzieht.

Um zum gefühlsmäßigen Gleichgewicht zurückzukehren, müssen sich Männer erlauben, verletzlich zu sein. Wenn wir uns vor unseren eigenen Gefühlen verschließen, verlieren wir auch den Kontakt zu unserer inneren Weisheit. Indem wir uns vor Gefühlen wie Angst schützen, schirmen wir uns letztlich auch vor der Liebe ab.

Bestimmte Verhaltensweisen, die dem Schutz dienen, haben alle Männer gemein. Sie verschließen die Türen vor dem, was sie wirklich fühlen. Eine barsche Zurückweisung ist die typisch "männliche" Antwort auf die Aufforderung, zu fühlen, und alles andere ist beim typisch männlichen Klischee verpönt. Viele Aspekte der Kunst gelten als verweichlicht oder sogar homosexuell. "Richtige Männer" drücken weder Schmerz noch Gefühle aus, achten nicht auf ihr Aussehen und greifen eher an, bevor sie angegriffen werden. Echte Männer mögen Bier, nackte Frauen und Fußball. Sie mögen selbstverständlich kein Theater, keine Innenarchitektur und keine Hautpflege.

Ich erinnere mich an einen meiner Schüler, der mir erzählt hat, dass er sehr viel Hohn und Ablehnung als heterosexueller Friseur in einer kleinen Stadt im ländlichen Teil Argentiniens erfährt. Obwohl er verheiratet war und ein Kind hatte, musste er sich an die misstrauischen Blicke und den heimlichen Klatsch der Nachbarn gewöhnen. Ihre Vorurteile waren von einem veralteten Klischee darüber diktiert, was man von einem "richtigen Mann" zu erwarten hat. Mein eigener Friseur andererseits, ein Avantgarde-Stylist aus der weitläufigen Metropole Buenos Aires, der bereits mehr als einmal verheiratet war und mehrere Kinder hat, kann sich nicht an irgendein Vorurteil in dieser Hinsicht erinnern. Aufgewachsen in einem anderen kulturellen Umfeld, in einer Welt, wo er von Journalisten und Prominenten respektiert wird, hat er ein Selbstbewusstsein entwickelt, das über geschlechtsspezifische Vorurteile hinausgeht.

Ich wuchs in einer Gesellschaft auf, in der die Gleichstellung der Geschlechter und ethnische Vielfalt in den siebziger Jahren bereits Realität waren und alternative Sexualität akzeptiert wurde. Als ich in Lateinamerika ankam, erkannte ich, dass einige Länder noch Vorurteile überwinden müssen, die meinem australischen Geist antiquiert vorkommen. Gerade vor ein paar Tagen las ich einen Artikel, in dem die Moral des Frauenfußballs und dessen Wirkung auf weibliche sexuelle Vorlieben diskutiert wurde. Für viele Menschen in diesem Kulturkreis ist Fußball noch immer eine Sportart, die Männern vorbehalten ist, und dass es immer mehr Frauenfußball gibt, regt noch immer Diskussionen und Streit an.

In der heutigen Welt zählt einzig und allein, dass wir das, was wir tun, mit Leidenschaft tun und uns nicht auf die starren Konzepte von dem beschränken, was wir denken, dass es von uns erwartet wird. Es gab bereits mehr als genug Jahrzehnte, in denen es hieß "Männer sollten . . . " und "Männer sollten nicht . . . ". Lasst uns die Männer der Welt dazu einladen, stereotype männliche Rollen zu überwinden und ihre männlichen und weiblichen Aspekte freudig in ihrem eigenen, einzigartigen Ausdruck anzunehmen. Sie mögen ihre Kreativität genießen, in welcher Form auch immer sie sich äußert und sich ihrer Männlichkeit erfreuen, anstatt sich mit der Verantwortung zu überfordern, sich ständig als Männer beweisen zu müssen.

Der Höhepunkt

Bei sportlichen Großereignissen kann man ein interessantes Phänomen beobachten, das vielleicht eine Folge der Tradition emotionaler Unterdrückung und des Wettbewerbes unter den Menschen ist. Überall auf der Welt kommen Zuschauerhorden zusammen und die ein Leben lang aufgestauten Gefühle entladen sich in einer Massenkatharsis.

Wir jubeln, wir weinen, wir strampeln und schreien und verhalten uns seltsam, so wie es keiner erwarten würde. Manchmal dient ein Spiel als Entschuldigung für Gewalt, genährt von einer Meinungsverschiedenheit, kombiniert mit aus dem Ruder gelaufener, männlicher Energie. Sobald das Spiel angepfiffen wird, läuft unsere wettbewerbsorientierte Natur auf Hochtouren und Verhaltensweisen, die sonst von der Gesellschaft nicht akzeptiert werden, brechen sich freie Bahn.

Für jeden leidenschaftlichen Fan ist es ein riesiger Spaß, das Team hinter dem Ball zu unterstützen, die eigene Begeisterung mit den Begleitern zu teilen und den Sport zu feiern. Aber einige Sportsfreunde geraten dabei so in Rage, dass sie den Punkt erreichen, an dem sie dabei ihre Freude und ihr Glücksgefühl verlieren — sie sind so versessen darauf, dass ihr Team gewinnt, dass sie vergessen, das es ein Spiel ist, das sie zum Spaß besuchen.

Ich will niemandem die Laune verderben, aber lasst uns nicht das wahre Ausmaß dieser Dinge aus den Augen verlieren. Lassen Sie uns diese Momente als massive Läuterung nutzen, indem wir das Druckventil unserer Gefühle öffnen, lassen Sie uns unseren Spaß haben und vielleicht die Intensität dabei beobachten, mit der wir an den Ergebnissen hängen, und lassen Sie uns lernen, ein wenig loszulassen.

Denjenigen unter uns, die ihre Gefühle in ihrem Leben nicht frei ausdrücken können, tut so eine Gelegenheit besonders gut. Aber diejenigen, die nur am Erfolg im Ergebnis hängen, werden davon noch frustrierter und heizen der Einstellung "wir gegen sie" und dem aggressiven Wettbewerb weiter ein.

Für Männer zum Nachdenken

- In welchen Bereichen Ihres Lebens weigern Sie sich, verletzlich und feinfühlig zu sein und verstecken Ihre wahren Gefühle und leben das, wovon Sie denken, dass es von Ihnen erwartet wird?
- Verletzlich und empfindsam zu sein, macht Sie nicht schwach. Es wird Ihnen dabei helfen, sich mit sich selbst zu verbinden und die Menschen um Sie herum noch besser zu verstehen. Verletzlichkeit gibt Ihnen die Möglichkeit, Ihre Bedürfnisse auszudrücken und die Bedürfnisse der anderen zu verstehen.
- Haben Sie Angst vor Verantwortung, weil sie in Ihnen den Eindruck weckt, die ganze Welt läge auf

Ihren Schultern? Verstecken Sie sich hinter der falschen Maske namens Kontrolle?

FRAUEN

Die Frau, das weibliche Geschlecht, wird oft als das schwache Geschlecht angesehen. Frauen sind diejenigen, die sittsam und im Hintergrund bleiben sollen.

Als ich ein junges Mädchen war, war ich offen und selbstbewusst. In meinem strengen, viktorianischen Mädchencollege war dieses Verhalten verpönt, weil es als undamenhaft galt. Ich versuchte - wenig erfolgreich - die Rolle des sanften, weichen Mädchens zu spielen, aber später in meinem Leben wurde mir klar, wie viel von meiner Kraft und Stärke ich damit aufgegeben hatte. Ich hatte gelernt, den Ball so flach zu halten, damit andere Leute sich in meiner Nähe wohl fühlen. Ich versteckte meine Wut hinter einer Maske mädchenhafter Süße, anstatt meinem Herzen treu zu bleiben oder Vertrauen in meine Überzeugungen zu haben.

Als ich acht Jahre alt war, beschloss ich, der nächste Tarzan zu werden, sobald ich groß wäre. Bedauerlicherweise war meine Begeisterung für diese Idee schnell erloschen, nachdem mir meine Mutter mitteilte, dass ich, Tarzan hin oder her, nicht länger ohne ein Oberteil auf die Straße dürfe. Ich war empört. Welcher König oder welche Königin des Dschungels würde schließlich mit einem T-Shirt herumlaufen?

"TARZAN TRUG KEIN OBERTEIL!" Ich schrie in den höchsten Tönen.

"Dann kannst du nicht Tarzan sein", antwortete meine Mutter.

"Aber warum nicht?"

"Weil Mädchen keine Lendenschürze tragen. Sie tragen Kleider oder zumindest Röcke und Oberteile."

So wurde ich zur Frau initiiert. Von diesem Tag an trug ich Blusen und Kleider und spielte nie wieder Tarzan.

In meiner kindlichen Unschuld konnte ich mir keinen Grund vorstellen, warum ich anders zu sein hatte als Jungens. Ich war

Diskus- und Speerwerferin und startete bei Kurz- und Mittelstreckenläufen, wobei ich meine Laufergebnisse mit den Zeitrekorden verglich, die meine olympischen Helden gelaufen sind. Ich spielte im australischen Outback Freizeitspiele mit meinem Onkel, und obwohl meine Großmutter versuchte, mich etwas häuslicher zu beschäftigen, lagen meine wahren Interessen jenseits des Lattenzauns, weit über dem Horizont hinaus in den wilden Weiten der Natur. Ich dressierte mein erstes Pferd, als ich erst zwölf Jahre alt war, und von da an gab es kein Halten mehr: Ich wurde zu einer der Besten im Pferdesport, einem Sport, der von Männern dominiert wurde. Es war meine Leidenschaft, die mich angetrieben hatte, unabhängig davon, was von mir erwartet wurde oder was normal war.

War diese Leistung mehr oder weniger verdienstvoll als die Kunst des Webens oder des Kochens zu beherrschen oder Kinder zu hüten? Nein, sie war nur anders. Wir müssen auf unsere Herzenswünsche hören, so dass unsere Handlungen immer uns selbst spiegeln und im Einklang mit unserem inneren Antrieb schwingen, anstatt unsere Verpflichtungen widerzuspiegeln oder das, was von uns erwartet wird.

Anmut, Empfindsamkeit, Kreativität, die nährende Kraft der Mutterschaft: Viele wunderschöne Eigenschaften werden in der Regel mit Weiblichkeit assoziiert. Teilen Sie diese Gaben unter allen Umständen mit der Welt, zelebrieren Sie Ihre Weiblichkeit, aber versuchen Sie nicht, sich diesen Schuh auf Teufel komm raus anzuziehen. Bleiben Sie ganz natürlich. Wenn Ihre Persönlichkeit nicht in eine typisch "weibliche" Form passt, versuchen Sie nicht, sie dort hinein zu quetschen. Nehmen Sie Ihre Einzigartigkeit freudig an und feiern Sie alles, was Sie - und nur Sie allein - so besonders macht.

Einige Frauen tun so, als wären sie dumm, nur damit sich ihre Männer stark und wichtig fühlen und die Frauen nicht bedrohlich wirken. Das ist die ultimative Form der Selbstaufgabe und hilft Ihnen nicht, Ihre eigene Stärke zu finden. Wie viele Frauen haben ihre Kraft unterdrückt, um sich klein und umgänglich zu machen? Unser Potenzial ist unbegrenzt, aber aus Selbstzweifeln und Unsicherheit heraus haben wir gelernt, unsere Größe zu unterlaufen. Wie viele Möglichkeiten haben wir unentdeckt gelassen?

Selbst heute, im 21. Jahrhundert, erfahren wir Weiblichkeit zwischen extremen Gegensätzen. Auf der einen Seite sind die Frauen, die ihr Potenzial bis an die Grenzen der menschlichen Leistungsfähigkeit entfalten: Die Wissenschaftlerinnen, die an einigen der größten Entdeckungen unserer Zeit teilhaben, oder diejenigen, die den Weltraum auf Missionen bereisen, die vor einem halben Jahrhundert noch reine Science Fiction waren.

Auf der anderen Seite gibt es immer noch Orte auf der Welt, wo weibliche Genitalverstümmelungen üblich sind und wo sogar Frauen zu Tode gesteinigt werden, was als gesellschaftlich akzeptierte Strafe für diejenigen gilt, die sich nicht an die Regeln ihrer Kultur halten.

Zwischen diesen beiden Extremen wird Weiblichkeit völlig unterschiedlich und variantenreich erlebt. Frauen aller Hautfarben und aller Nationen, aller Traditionen und Hintergründe schreiben ein neues Kapitel der vielfältigen und unterschiedlichen Geschichte der Frauen dieser Welt.

Die meisten von uns haben die Gewohnheiten unserer Kultur übernommen. Sie füttern ihr Unterbewusstsein mit Ängsten und Zweifeln und halten an den selbstzerstörerischen Mustern fest, von denen sie gelernt haben, dass sie ihnen nacheifern müssen. Doch es gibt immer wieder Fälle von Frauen, die über die Nöte ihrer Umstände hinweg gestiegen sind. Sie sind Leuchtfeuer der Inspiration für andere und ihre Gegenwart und ihre Errungenschaften flüstern dem Rest von uns zu: "Ja, Sie können!" Waris Dirie kommt mir hier in den Sinn, das somalische ehemalige Supermodel, die einer weiblichen Beschneidung ausgesetzt war und die später zur Stimme gegen diese uralte Praxis wurde.

Wir Frauen unterwerfen uns oft den begrenzten Vollmachten und Traditionen unserer Gemeinden aus Passivität, Angst und dem Bedürfnis nach Anerkennung. Wir lernen, dass es einfacher ist, uns selbst aufzugeben, anstatt alles in unserer Macht stehende zu tun und unsere Wahrheit auszusprechen.

Sobald wir beginnen, unser Bewusstsein zu erweitern und uns freudig anzunehmen und zu akzeptieren, fangen wir auch damit an, diese Tendenz umzukehren. Wir erkennen, dass das Beseitigen begrenzender Glaubenssätze Begeisterung und Dankbarkeit für unsere Umgebung erzeugt und gleichzeitig entfachen wir einen Zustand der Wunder in uns selbst, der dann unser Leben durchdringt.

Zum Nachdenken für Frauen

In welchen Bereichen ziehen Sie es vor, passiv zu sein und geben Ihre Kraft auf, weil Sie das Gefühl haben, das wird von Ihnen als Frau erwartet?

Nutzen Sie diese Affirmationen: *Als Frau kann ich zu meiner Stärke stehen, kraftvoll sein und meine Wahrheit sagen. Ich muss mich nicht selbst aufgeben, indem ich anderen endlos gebe, nur um meinen Wert zu demonstrieren. Ich bin wichtig und ich muss die Verantwortung dafür übernehmen, mich selbst zu lieben.*

WIEDER GANZ WERDEN

Wir alle haben sowohl einen männlichen als auch einen weiblichen Anteil. Weil es so üblich war, haben wir versucht, einen dieser Anteile auszuschalten und den anderen besonders gut zur Geltung zu bringen, aber weil sich das kollektive Bewusstsein erweitert, ändert sich diese Tendenz. Ich kann das bei den Veranstaltungen sehen, die ich in der ganzen Welt ausrichte: Als ich damals angefangen habe, bestand mein Publikum fast ausschließlich aus Frauen, abgesehen von ein paar verärgerten Ehemännern, die sich in der hintersten Reihe versteckten, nachdem sie von ihren übermäßig enthusiastischen Frauen mitgeschleift wurden. Mittlerweile besteht mein Publikum halb aus Frauen, halb aus Männern. Dieses vermehrte allgemeine Interesse an Spiritualität ist für mich ein äußeres Zeichen der inneren Ausgewogenheit, die wir entdecken, sobald sich unser Bewusstsein erweitert.

Heutzutage kann man immer mehr Ausgewogenheit feststellen. Charakteristika, die man früher mit einem bestimmten Geschlecht assoziiert hat, werden jetzt vom anderen Geschlecht angenommen. Für die neue Generation bedeutet "unisex" nicht nur Kleidung und Haarstyles, sondern ein androgyneres Äußeres im Allgemeinen. Immer mehr Menschen brechen aus ihrer traditionell akzeptierten Geschlechterrolle aus und entscheiden sich dafür, die Grenzen zwischen Männlichkeit und Weiblichkeit zu verwischen.

Männer verinnerlichen ihre Gefühlswelt, während Frauen entscheidungsfreudiger und leistungsorientierter werden. So liegt Fühlen und Tun in den Händen beider Geschlechter. Im Laufe der Zeit werden die Barrieren noch weiter fallen, da die Akzeptanz unserer einzigartigen Vielfalt alle Punkte dieses Planeten und alle Generationen erreichen wird, sogar diejenigen, die noch in den angestammten Wegen festsitzen; denn im Grunde sind wir alle gleich.

Je mehr wir uns auf das Hier und Jetzt konzentrieren, desto mehr können wir an den Fundamenten unserer unbewussten Ängste rütteln. Dann wird die gesamte Struktur unseres Misstrauens und unserer Abtrennung zu bröckeln beginnen, und an ihrer Stelle wird eine neue Struktur errichtet werden, flexibel, vertrauensvoll, fröhlich, liebevoll und voller Frieden. Wir können den gegenwärtigen Augenblick freudig umarmen und sind nicht mehr auf unsere Geschlechterrollen reduziert. Dann kann uns nichts mehr davon abhalten, unsere Träume zu verwirklichen.

Kapitel 11

Bewusste Kindererziehung

Unsere Persönlichkeiten werden von unseren Eltern grundlegend beeinflusst. Wenn Eltern ihren Kindern das Gefühl von Selbstwert und Vertrauen vermitteln, begleitet es deren Kinder ihr ganzes Erwachsenenleben. Umgekehrt, wenn Eltern ihre Kinder missbrauchen, wird der daraus resultierende Schmerz und die empfundene Scham den Kindern bis ins Erwachsenenalter erhalten bleiben und kann sie dazu bringen, dass sie andere missbrauchen. Ein weiterer Ausdruck dafür, wie mächtig Erziehung ist, zeigt sich bei Menschen, die in materiellem Überfluss aufgezogen wurden. Sie sind in der Lage, stets Geld zu verdienen, denn sie sind mit der Erwartung aufgewachsen, dass sie immer genug Geld haben werden, und dieser Glaube erzeugt ihre finanzielle Sicherheit als Erwachsene.

Leider wurden Eltern in allen Zeiten von den Vorstellungen eingeschränkt, was ein Vater oder eine Mutter tun sollte und was nicht. Indem wir diese Klischees auseinandernehmen und dann sowohl das Erbe betrachten, das uns unsere Eltern mitgegeben haben, als auch das, das wir an unsere Kinder weitergeben, können wir uns davon befreien und für uns, für unsere Kinder, für die ganze Welt eine neue Realität schaffen.

VATER

Wir haben alle unterschiedliche Erfahrungen mit unseren Vätern gemacht. Ich hatte das Glück, einen Vater zu haben, der mir seine Zeit und Aufmerksamkeit reichlich und bedingungslos schenkte. Er unterstützte mich bis zu dem Tag, an dem er diese Welt verließ.

Vielleicht war Ihr Vater so wie meiner — aufmerksam, immer auf der Suche nach dem, was Sie brauchten. Vielleicht war er auch der große Versorger, stets vorhanden, aber niemals wirklich liebevoll. Vielleicht hatten Sie einen Vater, der gar nicht da war, dem sein Beruf oder seine gesellschaftlichen Verpflichtungen das Wichtigste waren. Vielleicht können Sie sich kaum an einen bemerkenswerten Moment erinnern, den Sie mit ihm teilten. Vielleicht erinnern Sie sich an keinen Ausdruck liebevoller Zuneigung Ihres Vaters.

Traditionsgemäß stellt der Vater eine distanzierte Person dar, die emotionslos ist und im Leben ihrer Kinder keine Rolle spielt.

Früher wurde es als angemessen angesehen, in die Fußstapfen des Vaters zu treten, wie beispielsweise in dem Sprichwort "Mein Vater war Anwalt, sein Vater war Anwalt und daher werde ich auch Anwalt." Heutzutage gibt es diese Erwartungen nicht mehr. Der Sohn wird möglicherweise Krankenpfleger, während die Tochter sich um den Bauernhof kümmert. Klischees verschwinden und mit ihnen die Grenze zwischen Männlichkeit und Weiblichkeit. Alles mündet in einer androgyneren Wirklichkeit, in der wir unsere maskulinen und femininen Seiten freudig annehmen.

Vaterschaft aus einer neuen Sicht

In diesem neuen Jahrtausend kommen Väter auf, die sich sehr von den stereotypischen Vätern der vergangenen Jahrhunderte unterscheiden. Einige neue Wesen, die auf die Welt kommen, erfahren vom ersten Moment ihres Lebens an die reine Liebe ihrer Väter.

Diese neuen Väter, die keine Angst davor haben, ihre Zärtlichkeit und Empfindsamkeit zu teilen, haben eine viel breitere Gefühlspalette integriert, während sie die Dynamik und praktische Eigeninitiative beibehielten, die traditionsgemäß mit Männlichkeit assoziiert wird. (Auf die gleiche Art und Weise eroberten sich die Frauen die Macht und Verantwortlichkeit zu ihren wohlbekannten Seiten der Weiblichkeit, wie nährend, warm und sanft zu sein, hinzu.) Sie sind mehr mit ihren eigenen Gefühlen verbunden und können dadurch ihre Söhne und Töchter zu einer größeren emotionalen Akzeptanz führen.

Ein bewusster Vater geht mit gutem Beispiel voran, unterstützt seine Kinder in ihrer Großartigkeit und erzieht Ihnen Qualitäten wie Selbst-Akzeptanz, Vertrauen und bedingungslose Liebe an. Um dies tun zu können, muss er diese Qualitäten zuerst in sich entwickeln.

Dieser Vorgang ist ein deutliches Zeichen der kollektiven Weiterentwicklung unseres Bewusstseins: die innere Vereinigung zwischen dem strukturierten und rationalen männlichen Aspekt und dem emotionalen und kreativen weiblichen Aspekt. Je mehr wir uns innerlich vereinen, uns der bedingungslosen Liebe hingeben, die alle Aspekte der Menschheit liebevoll annimmt, desto mehr sagen wir "Ja" zu uns selbst und desto weniger sagen wir "Nein", desto mehr kommen wir mit der mächtigsten Kraft in Berührung, dem Bewusstsein der Liebe. Wo sie ist, lösen sich Angst und Einschränkungen auf. Das Ergebnis sind Eltern, die Liebe in die Herzen ihrer Kinder pflanzen, von denen sie beobachtet und imitiert werden und die sie bedingungslos widerlieben.

Diese Kinder wachsen auf, indem sie immer das Beste von dem sind, was sie sein können. Sie werden in ihrer Großartigkeit unterstützt und entwickeln ihren eigenen, einzigartigen Ausdruck ihres Selbst, ohne sich selbst in diesem Abenteuer, das wir Leben nennen, in irgendeiner Weise zu beschränken.

MUTTER

Unsere Mütter beeinflussen uns mehr als irgendjemand anderes in unserem Leben. Selbst Jahre, nachdem wir schon erwachsen sind, lebt ihr Vermächtnis noch in uns.

Einige von uns beten ihre Mütter an, andere stehen im Kampf oder in Konkurrenz mit ihnen. Einige lassen keinen Tag vergehen, ohne mit ihrer Mutter zu sprechen, andere halten es noch nicht einmal aus, überhaupt mit ihr zu reden. Aber unabhängig davon, was wir empfinden, haben uns unsere Mütter doch ihre besten und ihre schlechtesten Seiten eingeimpft. Oft stehen sie für alles, was wir lieben und alles, was wir hassen.

Wir lieben die Sicherheit und Annehmlichkeiten, die sie uns gegeben haben und hassen die Kontrolle, die sie auf uns ausgeübt und die Angst, die sie bei uns ausgelöst haben.

Wenn unsere Mütter uns liebevoll angenommen und akzeptiert haben, haben wir uns gefühlt, als könnten wir den Himmel mit unseren bloßen Händen greifen. Dieses intensive Gefühl der mütterlichen Liebe, wie sie uns pflegten, uns schützten und sich um uns sorgten, wird niemals vollständig ausgelöscht. Aber auch die Zurückweisungen, die Missbilligungen und die Strafen unserer Mütter haben ihre Spuren hinterlassen.

Die prägenden Momente, die wir mit unseren Müttern geteilt haben, sind so tief in unserem Gedächtnis gespeichert, auf der Festplatte, welche die Informationen darüber erfasst, wer wir zu sein glauben, dass wir als Erwachsene weiterhin die gleichen Gefühle in unsere Beziehungen projizieren. Wir suchen den gleichen Schutz, das Gefühl, genährt und geliebt zu sein und vielleicht erschaffen wir sogar wieder die gleichen Gefühle von Abweisung.

Weil ich schon mit jungen Jahren zur Adoption freigegeben wurde, war auf meiner Festplatte ein Gefühl des Verlassenwerdens gespeichert. Obwohl mich meine Adoptiveltern mit Liebe, Zuneigung und Geborgenheit überschütteten, fühlte ich mich weiterhin unsicher und rechnete immer damit, wieder verlassen zu werden. Ich suchte mir unbewusst Menschen aus, die zu keiner Beziehung bereit waren, nur um wieder das Gefühl herbeizuführen, dass ich nicht gut genug wäre oder eine Beziehung nicht verdient hätte.

Wir sehnen uns oft danach, so wie unsere Mütter zu sein — oder sogar noch besser. Viele Kinder berühmter Eltern verinnerlichen die Anforderungen des Erfolges so sehr, dass sie drogenabhängig werden. *Sie sagen sich unterbewusst, dass sie nicht so groß, nicht so erstaunlich, nicht so berühmt sein können und fühlen sich deshalb wertlos.* Aber egal, von welcher Seite wir es auch betrachten, unsere Mütter sind meistens unsere besten Spiegel.

Sobald Sie ehrlich sagen können, dass Sie Ihre Mutter von ganzem Herzen lieben, ohne sie zu verurteilen oder etwas zu bedauern, dann wissen Sie auch sicher, dass Sie sich selbst lieben und dass Sie Ihre weibliche Seite lieben. Ich lade Sie hiermit ein, die Gefühle zu Ihrer Mutter in eine Chance zur Selbstverwirklichung zu verwandeln, bis Sie diesen Punkt erreichen.

Zum Nachdenken

Was fühlen Sie in Bezug auf Ihre Mutter und Ihren Vater? Seien Sie ehrlich mit sich selbst und erkennen Sie, was in Ihnen vorgeht. Haben Sie das Gefühl, Sie bräuchten ihre Zustimmung? Haben Sie Angst, sie zu verlieren? Ärgern Sie sich über sie wegen all der Dinge, die ungesagt blieben oder wegen der vermeintlichen Fehler, die sie gemacht haben? Achten Sie auf Ihre Worte, wenn Sie mit ihnen sprechen und bemühen Sie sich, direkter und transparenter mit ihnen zu kommunizieren. Erlauben Sie sich, die Gefühle zu spüren, die sich möglicherweise hinter Ihren Schutzwällen verstecken.

Wenn die Spannungen aus der Vergangenheit nachlassen, werden Sie erneut Liebe zu Ihren Eltern fühlen, unabhängig davon, ob sie in Ihrem Leben präsent sind oder nicht. Sie werden in der Lage sein, sie neu zu sehen und auf der höchsten Ebene bedingungsloser Liebe schwingen, die Sie jemals empfunden haben.

Heilen Sie die Welt, indem Sie sich selbst bemuttern

Ich war erst vier Jahre alt, als meine Mutter mir zum ersten Mal erzählte, dass ich adoptiert war. Diese Neuigkeit machte mich panisch und etwas in mir gefror.

Der Schock in dieser Situation war so groß, dass er eine drastische Veränderung in mir auslöste. Bis zu diesem Moment war ich immer ein sehr zärtliches, unschuldiges Kind gewesen. Danach fing ich an, jeglichen körperlichen Kontakt zu vermeiden. Ich zappelte unruhig, wenn jemand versuchte, mich zu umarmen, ja, ich hasste es, in irgendeiner Weise angefasst zu werden. Ich entschied, dass liebevollen Annäherungsversuchen nicht zu trauen ist, denn schließlich hatten mich Menschen angelogen, die mich geliebt haben. Ich begann, bei jedem Unehrlichkeit zu vermuten, der mir seine Zuneigung zeigte und wies jeden zurück, der mir zu nahe kam.

Um all dem zu entgehen, habe ich Phantasiewelten erfunden und verlor mich stundenlang im riesigen Tierreich meiner Phantasie. Die Tiere dort haben mit mir gesprochen. Sie waren die einzigen, denen ich wirklich vertraute. In dieser Welt gab es keine Menschen und so wurde sie zu meinem Lieblingsort. Auf der Suche nach meinen tierischen Freunden rannte ich meilenweit in die Natur, oft flüchtete ich in der Nacht, nur um eine andere Welt zu finden.

Selbst wenn die Umstände sich unterscheiden, haben wir doch alle diesen anfänglichen Schock der Verlassenheit und Enttäuschung in unserem Leben durchgemacht. Es gab eine Situation, in der wir uns ungeliebt oder zurückgewiesen fühlten oder wir waren in irgendeiner Weise einem Verlust, einer Veränderung oder einer Ungewissheit in Bezug auf unsere äußere Sicherheit ausgesetzt. Es kann ein Lehrer in der Schule gewesen sein, der uns vor der ganzen Klasse eine Standpauke hielt, der Verlust eines geliebten Menschen, eine Scheidung oder vielleicht auch etwas scheinbar so unbedeutendes, dass wir uns vielleicht noch nicht einmal mehr daran erinnern. Diese Situationen schaffen ein Gefühl von Getrenntsein, das wesentlich für diese menschliche Erfahrung ist. Als wir dann erwachsen wurden, mussten wir oft feststellen, dass wir uns Beziehungen suchten, die die gleiche Reaktion erzeugten. Es ist, als wären wir unaufhörlich bestrebt, den Beweis dafür anzutreten, dass wir Liebe nicht wirklich verdienen und dass wir nicht gut genug sind, um geliebt zu werden.

Sobald wir den aufgestauten Ärger und die Spannungen unserer früheren Erlebnisse heilen, können wir auch die Missverständnisse und die mit Vorwürfen behafteten Erinnerungen auflösen, die uns möglicherweise bitter, verwirrt und hoffnungslos gemacht haben. Wir können die emotionalen Narben heilen, die durch Umstände entstanden sind, die uns ungerecht vorkamen und in denen wir uns wie Opfer fühlten.

Wenn Sie sich aufgrund von Ereignissen aus der Vergangenheit unwürdig, nicht unterstützt, ungeliebt, unbeachtet oder unterbewertet fühlen, bedeuten diese Gefühle auch eine Chance, näher an die bedingungslose Liebe zu rücken und eine größere, innere Vollendung zu finden. Üblicherweise haben wir gelernt, diese Gefühle zu unterdrücken und zu ignorieren, solange wir nicht wissen, was wir sonst mit ihnen tun sollen. Was passiert dann? Wenn wir unsere Gefühle und Wertungen unterdrücken, werden wir selbst zu diesen Gefühlen. Wenn es um die Beziehungen zu unseren Müttern geht, ahmen wir aus diesem Grund die Dinge nach, die wir an unseren Müttern am meisten hassen!

Das liegt daran, dass unsere Mütter noch immer in unseren Köpfen leben, wo sie uns drängen, kritisieren und züchtigen, auch wenn sie nicht mehr bei uns im Haus wohnen. Sie werden feststellen, dass Sie in der einen oder anderen Form immer Ihre Mutter in Aspekten von sich selbst finden, die Sie noch freudig annehmen müssen. Vielleicht haben Sie selbst jemanden wie Ihre Mutter zur Welt gebracht oder geheiratet. So lange Sie Ihre negativen Gefühle in sich verleugnen, werden Sie das gleiche Muster, das aus Ihrer Beziehung zu Ihrer Mutter stammt, in anderen Beziehungen wiederholen.

Für die meisten von uns bildet die Liebe unserer Mutter unser erstes Verständnis von dem, was Liebe überhaupt ist. Sich einzusetzen und selbstlos zu geben sind Qualitäten, mit denen Mutterschaft universell repräsentiert wird. Auf unserer Reise zur Selbsterkenntnis müssen wir alle lernen, sie zu übernehmen.

Um bedingungslos lieben zu können, müssen wir zuerst lernen, uns selbst zu lieben und uns genau so anzunehmen, wie wir sind. Wie können wir andere in ihrer Perfektion freudig annehmen, wenn wir nicht zuerst unsere eigene Perfektion sehen? Solange wir bestimmte Aspekte von uns selbst ablehnen, kann eine bedingungslose Liebe gegenüber anderen niemals mehr als eine hohle Fassade sein. Ebenso gilt, dass wir zuerst lernen müssen, uns selbst zu bemuttern, um die Schönheit und Perfektion der eigenen Individualität zu finden und uns an unserer einzigartigen Weise des Seins zu erfreuen, wenn wir uns um die Welt kümmern wollen. Dann wird die Akzeptanz und die Liebe auf unsere Freunde und Familie übergehen und von dort schließlich auf unsere Gemeinde und auf die ganze Welt.

Wenn wir wahre Eigenliebe kultivieren, wird die Liebe, die in uns steckt, auf alle Wesen ausstrahlen, auf alle Menschen und auf die Mutter Erde. Viele reden davon, was wir auf dieser Welt besser machen können: die Grundrechte der Menschen respektieren, die Umwelt schützen und so weiter. Es ist schön, dass wir uns daran erinnern, diese Dinge zu tun, aber wäre es im Idealfall nicht besser, wenn der Wunsch zu sorgen und zu dienen natürlich und spontan in uns entstünde? Dann müssten wir nicht mehr daran denken, sondern würden es einfach tun. Letztlich wird unsere eigene innere Heilung dazu führen, dass wir diese Eigenschaften entfalten - nicht, weil wir versuchen, uns verantwortungsvoll zu verhalten, sondern weil wir aus einem offenen Herzen heraus froh die Verantwortung für die Pflege und den Schutz des Lebens übernehmen. Eine Person, die sich darauf konzentriert, bedingungslose Liebe zu schenken, schenkt gleichzeitig den größtmöglichen Beitrag für die Entwicklung unseres Planeten. Dieses Geschenk an die Menschheit entsteht durch unser eigenes inneres Wachstum und unsere Weiterentwicklung. Indem wir uns um uns selbst kümmern, kommen wir zu unserer eigenen Größe und bringen diese Größe auch bei anderen hervor.

Sobald Sie wahre Eigenliebe kultivieren, werden Sie die bedingungslose Liebe finden, die Sie suchen, um sie gegenüber Ihren Kindern, Eltern, Freunden und Kollegen auszudrücken. Sie werden zur universellen Mutter: einer Mutter der Welt.

BEDINGUNGSLOSE KINDERERZIEHUNG

Wenn ich von "bedingungsloser Kindererziehung" spreche, dann meine ich eine Kindererziehung aus dem Ort des Bewusstseins der Liebe heraus. Das bedeutet, dass Kinder ohne Angst oder auf Angst basierender Kontrolle erzogen werden. Das ist weder locker noch leichtsinnig und basiert weder darauf, dass man gefallen will noch auf der Angst vor dem Verlust der Gunst eines Kindes. Wahre elterliche Liebe weiß, wo sie Grenzen setzen, Beschränkungen festlegen, mit unzufriedenstellenden Situationen konfrontieren muss und führt die Entwicklung des Kindes mit einer gleichbleibend festen Hand. Ihre Natur ist Hingabe und Vertrauen darauf, dass sich die Dinge so entwickeln, wie sie sollten. Frei von der egozentrischen Angst, einen Fehler zu machen, ist wahre elterliche Liebe weder überfürsorglich noch zu dominierend.

Wenn das Verhalten Ihres Kindes Sie verunsichert oder die Menschen um Sie herum Zweifel in Ihnen als Elternteil wecken, halten Sie inne. Quälen Sie sich nicht länger. Es gibt einen direkten Weg, diese Gefühle zu verwandeln: Indem Sie in sich gehen und die Wurzel Ihrer Selbstzweifel finden.

Wenn Ihr pubertierender Sohn schlechte Noten schreibt, die Schule schwänzt und sich mit Alkohol und Drogen versucht, bestrafen Sie sich nicht und zermartern Sie auch nicht Ihr Gehirn mit Gedanken wie beispielsweise: "Vielleicht habe ich ihm nicht genug Werte vermittelt", oder: "Vielleicht habe ich nicht genug Grenzen gesetzt". Ich bin überzeugt davon, dass Sie mit den Ihnen damals zur Verfügung stehenden Mitteln Ihr Bestes gegeben haben. Wenn Sie sich nicht selbst geliebt haben, wenn Sie unsicher waren, wenn Sie selbst Liebe gebraucht hätten, konnten Sie Ihrem Kind vielleicht nicht mehr geben. Aber heute ist ein neuer Tag. Sie können eine neue Richtung einschlagen.

Es gibt etwas, das lernen unsere Kinder immer ganz automatisch von uns, und das ist unser eigenes Beispiel. Sie imitieren uns von klein auf und ahmen unsere Verhaltensweisen nach. Dabei registrieren sie auch unsere Gefühle, selbst wenn wir sie nicht zeigen. Es reicht also nicht, ihnen zu sagen, wie sie sich zu benehmen haben - wir müssen mit gutem Beispiel vorangehen. Unsere Worte müssen zu Taten werden. Dann werden sie angenommen und auf einer viel tieferen Ebene verstanden. Wenn Sie kein eigenes Selbstwertgefühl und keine Eigenliebe entwickelt haben, wird es nicht reichen, Ihren Kindern zu sagen, sie sollen auf sich aufpassen. Jemand achtet auf sich, weil er sich liebt. Wenn Sie sich wertlos fühlen, werden Sie unvorsichtig und werden immer nach Erfahrungen und Situationen suchen, die Ihnen dieses Gefühl bestätigen.

Wenn Sie sich darüber Sorgen machen, dass sie Ihren Kindern nicht genug gegeben haben, wäre meine Gegenfrage, ob Sie wohl sich selbst genug gegeben haben? Achten Sie auf das, was Sie tief im Inneren brauchen? Was denken Sie von sich, wenn Sie in den Spiegel schauen? Hören Sie eine kritische Stimme oder eine anerkennende? Sie können sich sicher sein, dass dies die gleiche Stimme ist, die Ihre Kinder aufzieht und es ist möglicherweise sogar die Stimme, mit der Ihre Eltern Sie aufgezogen haben.

Sie können die Wurzel Ihrer Selbstablehnung in sich heilen, indem Sie bewusst die Verhaltensweisen ändern, die Sie einschränken. Beginnen Sie in kleinen Schritten: Fangen Sie damit an, sich selbst in genau den Situationen zu lieben, in denen Sie sich unsicher fühlen und Angst haben und fangen Sie damit an, "Ja" zu sich zu sagen. Sie werden feststellen, dass sich diese kleinen, innerlichen Veränderungen auch in der Art und Weise zeigen werden, wie Sie andere behandeln.

Viele Eltern fragen mich, wie sie verhindern können, ihre Unsicherheit an ihre Kinder weiterzugeben. Die Antwort ist, sie können das nicht verhindern. Kinder werden zwangsläufig von ihren Eltern lernen, selbst die Dinge, von denen ihre Eltern sie fernhalten wollen. Aber das ist einfach nur ein Teil des Lebens: Ihre Kinder sind auf der Welt, um menschliche Erfahrungen zu machen. Versuchen Sie nicht, sie vor der Welt abzuschirmen. Noch einmal, das Beste, was Sie tun können, um Ihren Kindern dabei zu helfen, ihre Unsicherheit zu überwinden, ist, sie selbst zu überwinden. Das größte Geschenk, das Sie Ihren Kindern machen können, ist sie durch Ihr eigenes Beispiel zu inspirieren. Wenn Sie sich dazu entscheiden, sich selbst zu lieben und zu heilen, wird dieses gute Beispiel Ihre Kinder beeinflussen und wird ihnen dabei helfen, sich für ihre eigenen Belange verantwortlich zu fühlen.

Wir projizieren unsere Ängste und Enttäuschungen auf unsere Kinder. Wir wollen nicht, dass sie die gleichen Fehler machen wie wir, aber aus diesem Grund lassen wir sie nicht leben. Das erstickt unsere Kinder und wenn Sie sich dabei beobachten, dass Sie das tun, dann hören Sie damit auf! Hören Sie auf und verbinden Sie sich mit Ihrem Herzen. Wenn Ihre Tochter zum Beispiel nachts lange weg bleibt und Sie sich Sorgen machen, ob sie wohl Alkohol trinken oder ungeschützten Sex haben könnte, fragen Sie sich: "Was geschieht in diesem Moment, das so schrecklich ist?" Beobachten Sie sich: Vielleicht listen Sie im Geiste eine ganze Menge Ideen und Ängste auf, aber wenn Sie einmal tiefer sehen, werden Sie feststellen, dass sie nicht die Realität dieses Moments widerspiegeln. Sie sind Produkte der Erlebnisse Ihrer Vergangenheit, die Sie bedauern und werden von einer Reihe furchterregender Ängste in Bezug auf die Zukunft genährt. Was passiert, wenn sie sich betrinkt und jemand missbraucht sie? Was passiert, wenn sie schwanger wird? Was, wenn sie Alkoholikerin wird? Was wird passieren, wenn sie älter wird? Was, wenn sie dann nicht genug Geld hat? Was wäre wenn..? Konzentrieren Sie sich auf den jetzigen Moment, auf Ihr derzeitiges Umfeld. Erinnern Sie sich daran, dass Sie nicht Ihr Kind sind und dass Sie in Wahrheit keine Ahnung davon haben, wie die Dinge ausgehen. Atmen Sie tief ein und erden Sie sich im Vertrauen auf die immanente Perfektion der schöpferischen Kräfte des Universums. Konzentrieren Sie sich auf die Liebe. Vertrauen Sie darauf, dass Ihr vollkommenes Kind sich das Leben genau so gestaltet, wie es sein sollte.

Für Eltern zum Nachdenken

- Was macht Sie als Elternteil unsicher? Welche Unsicherheiten haben Sie als Mensch verinnerlicht? Sehen Sie hier eine Verbindung?

- Wenn Sie feststellen, dass Sie auf Gedanken wie Selbstzweifel, Selbstkritik oder Sorge um Ihr Kind herumreiten, richten Sie sich auf den Moment aus. Idealerweise könnten Sie diese Gedanken durch eine Affirmation ersetzen (siehe Anhang I). Der Verstand kann nicht an zwei Dinge gleichzeitig denken. Wenn Sie Ihren Geist mit Affirmationen besetzen, benutzen Sie die Kraft Ihres Intellekts, um sich selbst zu erheben und zu inspirieren, anstatt sie an gewohnheitsmäßige Gedanken zu verschwenden, die Sie ebenso demotivieren wie Ihr Kind.

AM ENDE DER ELTERNSCHAFT: DAS EMPTY-NEST-SYNDROM

Für alle Eltern kommt einmal der Tag, an dem die Kinder nicht mehr von ihnen abhängig sind. Plötzlich fühlen sie sich nicht mehr gebraucht. Die Kinder haben ihre eigene Welt, ihr eigenes Leben, sogar eigene Familien. Ihre Entscheidungen schließen uns nicht mehr ein, im Gegensatz zu unseren. Das ist oft der Moment, an dem sich viele fragen: "Und nun? Was bin ich noch wert? Wozu bin ich noch gut? Wer wird sich um mich kümmern, wenn ich alleine bin?" Wenn das nach dem Kopfkino klingt, das Sie sich im Moment ansehen und mit dem Sie eine besorgniserregende Zukunft projizieren, dann halten Sie jetzt inne. Diese Gedanken bringen Sie an einen Ort der Trost- und

Hoffnungslosigkeit. Die Waagschalen werden sich in Richtung Depression und Trägheit neigen, anstatt in Richtung Ausdruck und Wachstum.

Beginnen Sie damit, dass Sie die Tatsache würdigen, Ihren Beitrag dazu geleistet zu haben, dass sich ein anderes menschliches Wesen sein eigenes Leben erschaffen kann. Es kann nun seine Flügel ausbreiten und so hoch fliegen, wie es sich wünscht und kann das sein, was es zu sein anstrebt.

Wie in allen Stationen unseres Lebens, erfindet das Unterbewusstsein Ängste und Zweifel, die uns an unseren selbstzerstörerischen Mustern festhalten lassen. Auch hier lade ich Sie wieder ein, sich einfach auf die Liebe zu konzentrieren, dann wird sich alles auflösen, was von der Angst herrührt.

Zum Nachdenken

Wenn Sie sich plötzlich der Lücke bewusst werden, die zurück bleibt, wenn Ihre Kinder das Haus verlassen haben, öffnen Sie sich für die neuen Möglichkeiten, die Ihnen das Leben jetzt bringt, anstatt sich auf das zu konzentrieren, was Sie verloren haben. All die Aufmerksamkeit, die Sie bislang auf die Hege und Pflege Ihrer Kinder gerichtet haben, können Sie jetzt dafür verwenden, Ihr Bewusstsein zu erweitern, sich selbst zu lieben und vielleicht auch um Abenteuer zu erleben, Hobbys zu pflegen oder Talente wiederzubeleben, die Sie während Ihrer Elternschaft auf Eis gelegt hatten.

Kapitel 12

Intime Beziehungen

Seien Sie der Partner, den Sie haben wollen

Auf unserer Suche nach Vollkommenheit versuchen wir oft, unsere innere Leere zu füllen, indem wir einen anderen suchen, der uns vervollständigen soll. Das haben einige schon auf die Spitze getrieben, immer in dem Glauben, dass die wahre Erfüllung nur in den Armen eines Seelenverwandten zu finden ist.

Eine Romanze. Der ultimative Traum, insbesondere dann, wenn Hollywood etwas damit zu tun hat. Das Beste, was Ihnen jemals passieren kann: Ihren Traumpartner finden! Doch erst wenn wir unsere Beziehung zu uns selbst heilen, erkennen wir, dass unsere eigene Unzufriedenheit sich in unseren intimen Beziehungen spiegelt.

Am Anfang laufen die Dinge wie am Schnürchen, doch mit der Zeit beginnen wir zu werten. *"Warum macht er die Zahnpastatube nicht zu?!"* *"Wenn er mich wirklich lieben würde, wäre er mir gegenüber aufmerksamer."* Die Illusionen sind schnell zerstört, denn je näher wir unseren Partner betrachten, desto mehr sehen wir Dinge, die wir nicht mögen. In anderen Worten: Wir beginnen, uns selbst zu sehen.

Das Problem ist, dass wir in unserer Besessenheit, die Erfüllung von außen zu finden, die wichtigste Beziehung vernachlässigen, die wir in unserem Leben haben: die Beziehung zu uns selbst.

Wir neigen dazu, uns um die Beziehung zu uns selbst am wenigsten zu kümmern. Wir setzen unsere Bedürfnisse oft ans Ende einer Liste, hinter die Bedürfnisse der anderen. Wir denken, es wäre egoistisch, sich selbst zu lieben. Doch solange wir nicht lernen, uns selbst zu lieben, werden unsere intimen Beziehungen immer voller Entbehrungen und Co-Abhängigkeiten sein. Das Bedürfnis führt zur Bindung. Wenn wir das Gefühl haben, wir brauchen jemanden oder etwas, um glücklich zu sein, binden wir uns daran. Mit der Bindung kommt das Bedürfnis nach Kontrolle. Wir haben den Eindruck, wir müssten die Umstände kontrollieren, denn unser Glück hängt von dem ab, woran wir gebunden sind. Wir müssen unsere Partner kontrollieren, um sicher zu stellen, dass sie sich so verhalten, wie es unser Bedürfnis befriedigt — unser Bedürfnis, uns geliebt zu fühlen. Das Bedürfnis nach Kontrolle führt zur Manipulation und zu all den kleinen Spielchen, von denen wir gelernt haben, dass wir sie spielen müssen, wenn wir eine andere Person dazu bewegen wollen, das zu tun, was wir wollen. Und wo ist jetzt noch die Liebe? Manipulation und Kontrolle entstehen nicht aus Liebe, sie entstehen aus Angst.

Die Ironie dabei ist, dass unsere Partner genau das Gleiche tun. Wir spielen diese Spiele, ändern uns, um dem anderen zu gefallen, stellen unsere eigenen Gefühle aus Angst vor Zurückweisung hinten an. Wir leben alle eingeschränkt und unzufrieden und denken, wenn wir uns selbst erlauben, genau so zu sein, wie wir wirklich sind, werden wir von denen, die wir lieben, zurechtgewiesen. Aber alle anderen tun genau das Gleiche!

Wenn Sie sich selbst lieben, werden Ihre Beziehungen aufrichtig und transparent, denn Sie verlieren die Angst vor Verlust. Sie erlauben sich, echt zu sein und sich so zu zeigen, wie Sie wirklich sind, und indem Sie das tun, geben Sie Ihrem Partner die Freiheit, das Gleiche zu tun. Diese Ehrlichkeit baut Vertrauen auf und das ist die Basis einer echten Liebesbeziehung. Mit Eigenliebe verlieren Sie die Angst vor Zurückweisung und das Bedürfnis nach Kontrolle. Im Licht der Eigenliebe fallen alle Verhaltensweisen weg, die Trennung und Verurteilung zur Folge haben. Wenn wir uns selbst umarmen, können wir auch unsere Partner umarmen und sie in ihrer Größe annehmen. Wenn wir uns mit uns selbst vollständig fühlen, spüren wir die

Abwesenheit des anderen nicht mehr, wenn er nicht da ist und so verschwindet das Bedürfnis nach Kontrolle ganz von alleine. Mit diesem Gefühl der Selbstgenügsamkeit kommt eine große Freiheit und die Fähigkeit, die Anwesenheit des anderen erst richtig zu genießen.

Wir denken, dass wir unsere Lieben verlieren, wenn wir die Bindung zu ihnen loslassen, aber eigentlich ist das Gegenteil der Fall. Wenn Sie bedingungslos lieben, selbst wenn Ihr Partner nicht an Ihrer Seite ist, dann werden Sie sich ihm näher fühlen als jemals zuvor. Denn Sie haben ihn dann in sich selbst gefunden.

Der Mann im Spiegel

Obwohl wir es oft nicht gerne zugeben wollen, sind die Probleme, die wir mit unserem Partner haben, eigentlich die Probleme, die wir mit uns selbst haben.

Früher hatte ich für gewöhnlich das Gefühl, dass meine Partner sich nicht verpflichten wollten. Ich hatte Beziehungen mit Männern, die sich über eine Enttäuschung hinwegtrösten wollten oder, noch früher, mit Männern, die noch an eine andere Frau gebunden waren. Ich habe immer wieder gefordert, dass sie mich mehr lieben und zu unserer Beziehung stehen sollten. Doch sobald es zu einer festeren Beziehung kam, war ich diejenige, die die Flucht antrat. Wann immer ein potentieller Partner auftauchte, der heiraten, sich niederlassen und Kinder bekommen wollte, konnte ich fast nicht schnell genug davonlaufen. Ich hatte immer gute Gründe: dass er langweilig war, nicht attraktiv genug und so weiter. Die Liste dessen, was mit diesen Männern nicht stimmte, war endlos, während diejenigen, die sich nicht binden wollten oder konnten, immer so perfekt zu sein schienen. Es ist überflüssig zu sagen, doch als ich damit anfing, nach innen zu sehen, wurde mir mehr als klar, dass ich die Person war, die sich nicht binden wollte.

Wir sind immer in einer Beziehung mit uns selbst. Unsere Partner spiegeln uns die Verhaltensweisen wider, die wir an uns nicht mögen. Wir sind schnell dabei, das zu leugnen und zücken die Liste aller Dinge, die unsere Partner falsch machen, die natürlich keine Ähnlichkeit mit der Art hat, wie wir uns verhalten.

Doch bevor wir nun diese Idee verwerfen, lassen Sie uns doch ein wenig sorgfältiger hinschauen. Welches Gefühl löst das Verhalten Ihres Partners bei Ihnen aus? Wie beurteilen Sie innerlich die Dinge, die Sie nerven? Warum war ich immer die Geliebte und nie die Ehefrau? Sobald ich die Bindungsängste meines Partners spürte, ärgerte ich mich und ich wollte ihn unbedingt ändern, aber sobald von mir mehr Engagement verlangt wurde, war ich diejenige, die nicht in der Lage war, diese Verantwortung zu übernehmen.

Eines ist sicher: Wenn Ihnen das nicht gefällt, was Sie bei anderen sehen, müssen Sie es in sich entfernen. Dann wird sich das ändern, was Sie in Ihrem Partner sehen. Sobald Sie damit beginnen, sich selbst zu lieben, sobald Sie damit anfangen, Ihre Schwächen zu verstehen und zu akzeptieren, werden sie automatisch wegfallen. Sie werden dann neu und liebevoll reflektiert werden. Das bedeutet nicht notwendigerweise, dass Sie Ihre Partner wechseln werden. Es bedeutet, dass Sie, sobald Sie sich selbst ändern, einen Raum schaffen, indem Sie Ihre Wahrnehmung des Partners ändern.

Wenn Sie mit einigen Aspekten Ihrer Persönlichkeit unzufrieden sind, werden Sie draußen die gleiche Unzufriedenheit schaffen, bis Sie es in sich verändern. Wenn Sie die Verantwortung dafür übernehmen, diese Aspekte zu lieben, werden Sie darauf bei Ihrem Partner nicht mehr reagieren. Sie werden ihn liebevoll betrachten und dabei auch die darunter liegenden Ängste und Wertungen in Liebe ansehen. Sie werden nicht mehr an der Vorstellung festhalten, dass Ihr Partner so oder so sein muss. Sie werden erstaunt darüber sein, wie sich andere Menschen als Ergebnis Ihrer eigenen inneren Wandlung verändern.

Das ist gelebte Weiterentwicklung und sie drückt sich in persönlichen Beziehungen aus: Sobald Sie Ihre Spiegel beobachten und Ihre Gefühle dabei nach innen tragen, sind die Chancen auf Wachstum unendlich groß. Wagen Sie dieses innere Abenteuer und beobachten Sie, wie die äußeren Dramen sich wie durch ein Wunder auflösen. Sie werden von wunderbaren Spiegeln umgeben sein, die alle bedingungslose Liebe reflektieren.

Jemanden treffen, sich verlieben, heiraten. So geht das, o-
der? Und dann? Wir hören von astronomischen Scheidungsra-
ten, Paartherapien, außerehelichen Affären, aber wir hören auch
von dem perfekten Paar, das fünfzig Jahre lang glücklich verheiratet war. Warum müssen wir heiraten und warum denken
wir, dass es uns erfüllen könnte?

Wollte ich zynisch sein, könnte ich sagen, dass die Instituti-
on der Ehe aus der Unsicherheit der Menschen entstanden ist
und dem daraus resultierenden Bedürfnis, sich durch Verträge
und Versprechen ein Gefühl von Sicherheit zu verschaffen. Ich
könnte sagen, die Ehe sei eine von Menschen gemachte Ein-
schränkung, die aus Angst gemacht und daher zerbrechlich ist.
Wir spüren das Bedürfnis, den andern an uns zu binden, damit
wir ihn kontrollieren können, damit wir sicher sein können, dass
er an unserer Seite bleibt und uns das Gefühl von Sicherheit
gibt. Manche Ehen haben ihren Ursprung in dem Bedürfnis
nach öffentlicher Anerkennung. Manche erfüllen eine Märchen-
phantasie aus unserer Kindheit, die uns in den Rachen gestopft
wurde wie die Hühnersuppe, von der sie uns sagten, sie heile
eine Erkältung.

Doch ich möchte nicht, dass alles so düster erscheint. Wenn
sich in einer Ehe zwei Menschen bedingungslos lieben, ist es
nicht nötig, den jeweils anderen anzubinden oder in irgendeiner
Weise zu kontrollieren. Bedingungslose Liebe gibt dem anderen
die Freiheit, sich auszudrücken, das, was wir uns alle wünschen
— die Freiheit, wir selbst zu sein. Gibt es eine größere Liebe?
Wenn Sie jemanden wirklich lieben, wie können Sie dann wollen, dass er ein anderer wäre? Diese Art der Ehe blüht und flo-
riert, denn da sind zwei Individuen, die sich gegenseitig bei der
Verwirklichung ihrer eigenen Möglichkeiten unterstützen.

Sobald wir anfangen, ehrlich zu uns selbst zu sein, nimmt
auch die Ehrlichkeit in unseren Beziehungen zu. Das gilt vor
allem, wenn die Bindung zwischen uns und unserem Partner
wirklich erprobt ist. Ich bin schon von vielen Paaren besucht
worden, die seit Jahrzehnten verheiratet waren und den Prozess
des inneren Wachstums zusammen erleben wollten. Wenn sie in
mein Zentrum kommen, lernen sie, sich auszudrücken und oft

endet es damit, dass sie Dinge miteinander teilen, die sie jahrelang vermieden haben. Es ist wunderschön, mitanzusehen, wie diese Ehrlichkeit neuen Wind und neue Intimität in Beziehungen bringt, die distanziert und angespannt waren. Nachdem wir sie mit der Angst konfrontierten, den jeweils anderen zu verletzen, kehren sie verjüngt, stärker vereint und liebevoller als jemals zuvor heim.

Für einige Paare erweist sich dieser Prozess als schwieriger. Zum Beispiel ein Ehepaar, beide erfahrene Psychologen, die sich sehr mit dem Isha System und ihrer eigenen Heilung beschäftigten, kam kürzlich, um an einem langfristigen Tiefenheilungsprogramm in meinem Zentrum teilzunehmen. Als die Ehefrau anfing, zu wachsen und die Dinge auszusprechen, die sie vorher nicht zu sagen gewagt hatte, als sie damit aufhörte, ihren Ehemann wie ein Kind zu behandeln und stattdessen ihre eigenen Bedürfnisse äußerte, wollte ihr Ehemann sofort das Programm abbrechen und verlassen. Seine Frau fiel nicht mehr auf die ständigen manipulativen Spiele herein, woraufhin er sich plötzlich unsicher fühlte. Wenn so etwas passiert, haben wie die Wahl, in uns zu gehen und wahre Sicherheit zu finden oder uns weiterhin selbst zu unterlaufen und eine neue externe Krücke zu finden. Einige Tage vergingen, er ging tiefer und entschied schließlich, zu bleiben, sich mit seinen Ängsten zu konfrontieren und die Dinge loszulassen, die ihn so lange gelähmt hatten.

Der Wunsch nach dem Versprechen des Partners, uns ewig zu lieben, stammt von unserem verzweifelten Bedürfnis, geliebt zu werden. Dieses Bedürfnis wird weiterhin unbefriedigt bleiben, solange wir nicht anfangen, uns selbst zu lieben. Der Impuls, andere zu kontrollieren, kommt von unserer fehlenden Eigenliebe. Wir haben gelernt, uns selbst so oft zurückzuweisen, dass wir Sklaven der Anerkennung von anderen wurden. Unser Wertgefühl hängt fast vollständig von der Meinung der Menschen um uns herum ab. Dies gilt selbst für scheinbar erfolgreiche, mächtige Leute. Doch wenn sie nur ihrem Erfolg oder Ihrer öffentlichen Stellung vertrauen, was passiert dann, wenn ihnen diese Dinge genommen werden?

Heirat ist kein Mittel gegen Unsicherheit. Das einzige Mittel gegen Unsicherheit ist Eigenliebe — hinter die Ängste und Zweifel des Verstandes zu gehen und ein Bewusstsein für die grundlegende Sicherheit zu entwickeln, die unserem Wesen zugrunde liegt. Wahre Liebe, bedingungslose Liebe durchbricht alle Grenzen, Käfige und Vorstellungen. Sie ist die grenzenlose Natur des Seins, sie ist das Leben selbst.

SETZEN SIE AUF NICHTS WENIGER ALS AUF ABSOLUTE EHRLICHKEIT UND TRANSPARENZ

Wir können alle lügen. Wir lügen, um Bestätigung zu bekommen und um die Meinung der anderen zu manipulieren. Wie widersprüchlich das doch ist: Als Kinder werden wir ermahnt, immer die Wahrheit zu sagen und dass wir nicht lügen dürfen, aber die Gesellschaft lehrt uns das Lügen, sofern es "angebracht" ist — um einen Konflikt zu vermeiden, freundlich zu sein, zu bekommen, was wir möchten. Das gilt ganz besonders für unsere Beziehungen.

Das erinnert mich an einen Konflikt in meiner eigenen Familie. In den 1980-er Jahren schien es, als würde jeder rauchen, von meiner Mutter und meiner Großmutter einmal abgesehen. Sie mussten eine Zigarette nur ansehen, schon tränten ihnen die Augen und sie bekamen zwanghafte Hustenanfälle. Daher war die ganze Familie wie ein Pavlov'scher Hund darauf trainiert, sich in Gegenwart eines Rauchers entsprechend über ihn zu mokieren. Das Problem war nur, dass jeder andere in der Familie rauchte: ich, mein Freund, mein Vater, mein Bruder und seine Frau. Nachdem wir so getan hatten, als würden wir uns über Raucher mokieren, verschwanden wir wie eine Einheit im Bad und rauchten heimlich eine Zigarette, gefolgt von der überstürzten Anwendung von Mundsprays, Parfüms oder was auch immer nötig war, um den Zigarettenrauch zu tarnen. Wir hatten diese Scharade so lange und mit solcher Ernsthaftigkeit gespielt, dass wir tatsächlich schon annahmen, dieses Verhalten wäre ganz normal. Wir waren blind gegenüber der Tatsache, dass wir alle Angst vor meiner Großmutter und meiner Mutter hatten und verzweifelt unsere Sucht versteckten, um von ihnen anerkannt zu werden!

Zu lügen bedeutet, dass wir uns selbst aufgeben. Wir lügen an den Stellen, an denen wir vermeiden, uns so zu zeigen, wie wir wirklich sind. Lügen entstammen letztlich der Angst — der

Angst, zurückgewiesen zu werden, der Angst, sich ungeliebt zu fühlen. Wir ziehen unsere gesellschaftlichen Masken an, präsentieren der Welt eine falsche Person und zwar die Person, von der wir denken, dass wir sie wohl sein sollten. Aber sobald wir das tun, leugnen wir Teile von uns selbst, aus denen entweder geheime Zwangsvorstellungen oder unterdrückte Gefühle werden, die in Verbitterung und Enttäuschung enden.

Wie oft opfern wir die Aufrichtigkeit gegenüber unserem Partner, um einen Konflikt zu vermeiden oder einige Aspekte von uns zu verstecken? Unser Bedürfnis nach Zustimmung gewinnt oft über unser Versprechen, ehrlich zu sein, aber Selbstaufgabe ist ein hoher Preis, um den Anschein von Harmonie aufrechtzuerhalten.

Wenn wir das Gefühl haben, etwas vor unseren Partnern verstecken zu müssen, liegt das daran, dass wir auf einer bestimmten Ebene wissen, dass unsere Handlungen nicht auf Liebe und Wachstum basieren. Aber Geheimnisse in intimen Beziehungen werden zu offenen Wunden, die eitern und so verhindern, dass die Beziehung jemals gesund wird. Geheimnisse fordern den größten Tribut von uns, denn sie sind immer da, schauen hinter jeder Ecke hervor und geben uns das durchdringende Gefühl von Unbehagen, Schuld und Scham.

Machen Sie es zu Ihrem Grundsatz, niemals eine Ihrer Verhaltensweisen vor Ihrem Partner zu verstecken. Machen Sie völlige Offenheit zu Ihrem Mantra. Sobald Sie sich dazu entschließen, Ehrlichkeit und Transparenz über Ihr Bedürfnis nach Zustimmung oder Ihr Bedürfnis, den Partner zu manipulieren, zu stellen, wird sich alles verändern. Sie werden erstaunt sein, wie sehr Ihr Selbstwertgefühl sich zusammen mit Ihrer Beziehung verbessern wird.

WIE AUS BEDINGTER LIEBE BEDINGUNGSLOSE LIEBE WIRD

Woher können wir wissen, ob unsere intimen Beziehungen auf einem Bedürfnis basieren oder auf etwas Tieferem? Hier habe ich einige alltägliche Hinweise für Co-Abhängigkeiten und andere Verhaltensweisen zusammengestellt, die Wohlwollen und Harmonie in Beziehungen untergraben. Fragen Sie sich, ob die folgenden Situationen Ihre Beziehung beschreiben und lesen Sie dann meine Vorschläge, wie Sie dieses Verhalten in eine liebevollere Art der Interaktion verwandeln können.

SITUATION: *Sie lügen Ihren Partner an.*

Es gibt kleine Lügen, wie beispielsweise: "Ja, Liebling, ich liebe dein Hühnerfrikassee", und es gibt wichtigere Lügen, wie beispielsweise, dem Ehepartner zu erzählen, man hätte noch zu arbeiten, während man sich in Wirklichkeit mit einem Liebhaber trifft. Aber unabhängig davon, ob es nun kleine Notlügen oder riesige Dinge sind, sind sie der Hinweis auf eine Beziehung, die auf einem Bedürfnis basiert — auf dem Bedürfnis nach der Zustimmung des anderen.

LÖSUNG: *Seien Sie ehrlich.*

Die Liebe ist immer ehrlich. Lügen entstehen aus Angst. Wenn Sie eine liebevolle Beziehung haben wollen, ist Ehrlichkeit die einzige Option. Immer.

SITUATION: *Sie versuchen, Ihren Partner zu kontrollieren und zu ändern.*

Das Bedürfnis, andere zu ändern, entsteht aus Ihrer eigenen Erwartung dessen, wovon Sie denken, dass sie sich verhalten sollen, damit Sie sich unterstützt und geliebt fühlen. Das kommt daher, dass Sie keine Verantwortung für Ihre eigene Sicherheit übernehmen.

LÖSUNG: *Lassen Sie los.*

Wenn Sie bemerken, dass Sie manipulieren oder zu aufdringlich sind, hören Sie damit auf. Bringen Sie sich in diesen Moment zurück und sagen Sie sich: "Oh, das kann ich loslassen." Gehen Sie in sich und konzentrieren Sie sich darauf, sich selbst zu lieben. Dann fällt Ihr Bedürfnis weg, Ihren Partner zu kontrollieren.

SITUATION: *Aus Ihren Unterhaltungen werden immer Auseinandersetzungen.*

Sie stellen vielleicht fest, dass in Ihrer Beziehung selbst die kleinsten Unstimmigkeiten in unverhältnismäßige Streitereien münden. Noch bevor Sie Ihre Ansichten zu Ende geäußert haben, hat Ihr Partner bereits aus einer früheren Erwartung dessen heraus reagiert, was Sie denken oder fühlen, und umgekehrt.

LÖSUNG: *Hören Sie zu.*

Hören Sie aufrichtig zu, wenn Ihr Partner mit Ihnen redet, insbesondere dann, wenn Sie nicht der gleichen Meinung sind oder es sie wütend macht. Sie werden feststellen, dass die Dinge, die Sie am wenigsten hören möchten, Ihnen am meisten helfen, zu wachsen. Um zuzuhören, müssen Sie nicht gleicher Meinung sein, und indem Sie zuhören, geben Sie der anderen Person nicht automatisch Recht, aber Sie öffnen sich, um das zu sehen, was Ihnen andere zeigen wollen. Wenn Sie zuhören, erfahren Sie mehr über die andere Person, aber, und das ist am Wichtigsten, Sie lernen mehr über sich.

SITUATION: *Sie verärgern Ihren Partner.*

Wenn Sie Ihre Gefühle nicht offen ausdrücken, wird sich Ärger in Ihnen aufstauen. Dieser Ärger kann dann von den dümmsten Kleinigkeiten ausgelöst werden. Während eines Streits zücken Sie dann eine Liste aller Dinge, über die Sie sich geärgert haben.

LÖSUNG: *Seien Sie verletzlich.*

Eine wirklich liebevolle Beziehung wird den Wahrheitstest bestehen. Seien Sie ehrlich in Bezug auf das, was Sie fühlen,

Wenn Sie die Entscheidung treffen, Ehrlichkeit und Transparenz über Ihr Bedürfnis nach Zustimmung zu stellen oder über das Bedürfnis, Ihren Partner zu manipulieren, dann wird sich alles ändern.

und Sie werden bald die wahre Natur Ihrer Beziehung erkennen. Erzählen Sie Ihrem Partner regelmäßig, wie Sie sich fühlen, wann auch immer Gefühle aufkommen. Versuchen Sie nicht, sie zu ändern, sondern drücken Sie Ihre Gefühle mit dem Ziel aus, vollkommen transparent zu sein, sich genau so zu zeigen, wie Sie wirklich sind. Erkennen Sie, dass Angst die Wurzel für Ihre Tendenz ist, etwas nicht auszusprechen, und lassen Sie dieses Gefühl zu. Auf diese Weise werden Sie die emotionale Belastung freisetzen, die den Ärger verursacht hat, und sie durch Liebe zu ersetzen.

Das Wunderbare an diesen Empfehlungen ist, dass es nur eine Person braucht, um sie umzusetzen. Fallen Sie nicht auf Gedanken herein wie: "Ich kann meine Gefühle nicht mit ihm teilen, weil er niemals zuhört", oder: "Ich werde ehrlich zu ihr sein, wenn sie mir gegenüber ehrlich ist." Wenn Ihre Beziehung wirklich auf gegenseitiger Zuneigung und gegenseitigem Respekt basiert, wird sie nur intimer und erfüllender werden, sobald Sie diese Verhaltensweisen umsetzen. Wenn aber andererseits Ihre Liebe in Wirklichkeit bereits erloschen ist, wird Ihre Beziehung dann wahrscheinlich bald enden. Aber fragen Sie sich eins: Wenn Sie mit dieser Wahrheit konfrontiert werden, möchten Sie dann wirklich Ihr Leben mit jemandem verbringen, der Sie nicht liebt? Wenn Sie einmal damit angefangen haben, ehrlich genug zu sein, um sich mit der Realität zu konfrontieren, sind Sie wahrscheinlich auch schon auf einem guten Weg, sich selbst zu lieben. Sie werden herausfinden, dass dies den Verlust einer letztlich unerfüllten Beziehung mehr als aufwiegt.

WENN ES ZEIT IST, ZU GEHEN

Bedingungslose Liebe muss mit Eigenliebe beginnen. Wenn Sie sich selbst aufgeben, um eine Beziehung aufrecht zu erhalten, lieben Sie nicht bedingungslos. Stattdessen halten Sie an einer äußeren Form fest, die weder Ihnen noch Ihrem Partner länger dient. Eine wahrhaft liebende Beziehung führt immer zu mehr Wachstum.

Vor vielen Jahren hatte ich eine Beziehung zu einer Frau, die ohne mein Wissen Drogen nahm. Ich fand schnell mehr über ihre Vergangenheit heraus und stellte dann fest, dass Sie aufgehört hatte, Drogen zu nehmen, weil ich ihre neue Sucht war. Als die romantische Erregung und sexuelle Anziehungskraft nicht mehr ihre innere Leere füllten, fing sie wieder mit den Drogen an. Ich machte viele Versuche, meiner Partnerin dabei zu helfen, ihr Drogenproblem zu überwinden, bis mir klar wurde, dass in

Wirklichkeit auch ich gegen die Sucht kämpfte: Ich war süchtig danach, sie zu retten. Anstatt meiner eigenen inneren Leere ins Gesicht zu sehen und mich bedingungslos zu lieben, hatte ich mich ganz auf jemanden konzentriert, dem es noch schlechter ging als mir. Das gab mir ein gutes Gefühl.

Ich fühlte mich in dieser Beziehung auch als Opfer. Weil ich meiner Partnerin nicht trauen konnte, fühlte ich mich nicht geschätzt. Warum war ich nicht wichtiger als die Drogen? Schließlich fiel bei mir der Groschen und mir wurde klar, dass ich mir selbst wichtiger sein muss. In dem Moment, in dem ich mich dazu entschloss, mit mir selbst eine Liebesbeziehung einzugehen, fiel die andere Beziehung weg, denn der Spiegel zeigte mir nicht die Schönheit, die ich in mir selbst sah. Ich entschied mich, zu gehen.

Ihre Situation ist vielleicht nicht so offensichtlich wie meine es damals war, oder sie ist vielleicht sogar viel extremer. Wenn Sie in Ihrer Beziehung unglücklich sind und nicht wissen, ob Sie gehen oder bleiben sollen, fragen Sie sich selbst: "Dient diese Beziehung meinem Wachstum? Unterstützt mich diese Beziehung darin, meine eigene Größe zu finden und mich selbst zu lieben und zu schätzen? Fühle ich mich für das geliebt, was ich bin, oder versuche ich, die Erwartungen meines Partners zu erfüllen?" Wenn Sie sich in einer Beziehung klein machen müssen, dient sie nicht Ihrem Wachstum. Wenn Sie sich in einer Beziehung von einem anderen abhängig fühlen, oder wenn Sie Ihre Bedürfnisse verleugnen, damit der Partner sich gut fühlt, basiert die Beziehung auf einem Bedürfnis. Wenn Sie den Eindruck haben, dass Sie sich in so einer Beziehung befinden, dann fangen Sie einfach damit an, Sie selbst zu sein und erzählen Sie von sich. Wenn sich Ihr Partner damit nicht wohl fühlt, hat er zwei Möglichkeiten: Sie zu akzeptieren, wie Sie sind, oder zu gehen.

Zum Nachdenken

- Warten Sie auf den perfekten Partner? Dann verlieben Sie sich doch einfach in sich selbst, anstatt draußen zu suchen. Seien Sie sich der beste Partner, schätzen Sie sich selbst, inspirieren Sie sich selbst und schenken Sie sich das Vertrauen und die Unterstützung, die Sie suchen.

- Wenn Sie in einer Beziehung sind, beobachten Sie, an welchen Stellen Sie sich verleugnen, um dem anderen eine Freude zu machen. Sagen Sie die Wahrheit, selbst wenn Sie Angst davor haben, zurückgewiesen zu werden. Etwas auszusprechen kann sich manchmal ein wenig beängstigend anfühlen, aber auf lange Sicht wird nichts Schlimmeres geschehen, als dass Ihre Beziehung ehrlicher und transparenter wird. Man kann keine wahre Intimität leben, während man eine Maske trägt: Wenn Ihr wahres Wesen hinter dem versteckt ist, von dem wir denken, dass es angemessen wäre, distanzieren wir uns von den Menschen, die wir am meisten lieben.

- Wenn Sie an Ihrem Partner etwas erkennen, das Sie nicht mögen, tragen Sie es nach innen. Fragen Sie sich: "Was für ein Gefühl löst es in mir aus, wenn sie/er das tut?" Anstatt Ihre Partner ändern zu wollen, erzählen Sie ihnen, wie Sie sich fühlen, und zwar mit der Absicht, diese Gefühle loszulassen. Sie werden erstaunt darüber sein, wie viele Dinge, die Sie an Ihrem Partner verurteilen oder ablehnen, eigentlich Aspekte von Ihnen selbst sind. Wenn Sie sie dazu benutzen, nach innen zu gehen und sie zu heilen, können Sie die Dinge, die Sie in Ihrer Partnerschaft nicht mögen, in unerwartete Geschenke verwandeln: in Gelegenheiten, zu heilen und zu wachsen.

Kapitel 13

Definieren Sie das Wort Erfolg neu und
seien Sie erfolgreich

Haben Sie jemals einen Punkt in Ihrem Leben erreicht, an dem Sie den Eindruck hatten, alles zu haben und trotzdem fehlte noch immer etwas? Der Erfolg, den ich in meinen Zwanzigern hatte, hätte mir eigentlich reichen müssen, aber ich war trotzdem nicht glücklich. Die Dinge, die ich angesammelt hatte, mein sozialer Status und meine beruflichen Leistungen, erschienen mir zu zerbrechlich und zu leer, um alles zu sein. Mich dürstete nach etwas mehr, aber dieses Etwas war nicht greifbar.

Wir haben gelernt, unseren Wert an dem zu messen, was wir draußen erreichen, aber kein Maßstab könnte oberflächlicher sein. Jemand kann reich und berühmt sein, unzählige Verehrer und finanziellen Überfluss haben, aber dennoch keinen Frieden finden. Wir sehen das an vielen reichen, berühmten Ikonen, deren persönliche Unzufriedenheit schließlich zu einer Enttäuschung führt. Die Erfüllung, die wir suchen, kann nicht von äußeren Errungenschaften abgeleitet werden. Die Sehnsucht des Herzens findet im Inneren statt. Die externe Suche kann Spaß machen, aber keine Freiheit bringen.

Für mich ist Erfolg das Bewusstsein von Liebe, ein Leben ohne Angst, ein Leben, das andere dazu inspiriert, das Gleiche anzustreben. Was wollen Sie wirklich? Ist Ihnen der äußere Anschein von Erfolg genug oder sehnen Sie sich nach etwas, das tiefer geht?

Wahrer Erfolg wird von dem definiert, was wir in jedem einzelnen Moment sind und nicht von dem, was wir tun. Wenn wir innerlich reich sind und in uns einen Platz der Liebe und Wertschätzung gefunden haben, können wir auch eine sinnvollere Definition von Erfolg finden.

Sobald Sie einmal in Ihrem Inneren Frieden und das Bewusstsein von Liebe erlebt haben, kommt von außen alles, was Sie sich jemals erträumt haben - und mehr - in Fülle und ohne Anstrengung zu Ihnen.

Weil Sie nicht daran hängen.

So lange unser Glück von Äußerlichkeiten abhängt, können wir nicht wirklich frei sein. Wir werden für die anderen draußen Sklaven bleiben, abhängig von ihrer Zustimmung und Anerkennung.

Wahrer Erfolg wird von dem definiert, was wir in jedem einzelnen Moment sind und nicht von dem, was wir tun.

Um uns von dieser Abhängigkeit zu befreien, müssen wir uns erst einmal mit der Liebe vertraut machen, die in uns liegt und die uns niemand jemals wegnehmen kann, anstatt auf unsere auf Angst basierenden Gedanken einzugehen, die uns begrenzen und unterdrücken — auf die unerbittliche Kritik des Gehirns, auf das Bedauern von Dingen, die geschehen sind und auf den Widerstand gegen das, was kommen wird. Nach innen zu gehen ist der erste Schritt. Entscheiden Sie sich dazu, sich für all das zu bedanken, anstatt zu grollen, zu kämpfen, zu kritisieren und zu zerstören. Erinnern Sie sich daran, dass alles wächst, worauf Sie sich konzentrieren. Was soll in Ihrem Leben wachsen und gedeihen? Konzentrieren Sie sich auf die Pflege dessen, was Sie wollen. Sie werden erstaunt sein, wie schnell sich die Dinge ändern.

ZIELE ANSTREBEN ODER
IN DER GEGENWART LEBEN?

Ich habe schon oft Experten getroffen, die Probleme damit hatten, das Leben in der Gegenwart mit dem Erreichen ihrer Ziele in Einklang zu bringen.

Ich sehe dieses Dilemma nicht. Sie erreichen Spitzenleistungen in jedem Bereich des Lebens sowie in jeder Firma oder beruflichen Laufbahn, wenn Sie völlig in der Gegenwart sind, in jedem Augenblick Ihres Lebens das Beste geben und die Details beachten, die andere möglicherweise übersehen haben. Wir alle haben Ziele, aber wenn unsere Ziele bedeuten, dass wir uns ständig auf die Zukunft konzentrieren, sind sie lediglich Ablenkungen. Seien Sie sich Ihrer Ziele klar, aber geben Sie in diesem gegenwärtigen Moment einhundert Prozent. Sie sind nicht am Ende des Weges, bevor Sie nicht dort angekommen sind. Entdecken Sie in der Zwischenzeit die Freude an der Reise.

Sie können Ihr Leben nicht um das Erreichen eines Ziels herum gestalten. Gerade wenn Sie Ihr Ziel erreichen, kann der Wind sich drehen und plötzlich sind Sie auf einem anderen Kurs. Sie müssen mit dem Strom fließen, Sie müssen beweglich bleiben. Sie sollten der Möglichkeit gegenüber offen sein, dass vielleicht das, wovon Sie denken, dass Sie es wollen, Ihnen gar kein Glück bringt und dass in Wahrheit jedes Bedürfnis, dass die Dinge auf eine bestimmte Art sein müssten, letztendlich einschränkt.

Diese Sichtweise spricht nicht gegen wirtschaftliche Rahmenbedingungen, im Gegenteil. Jede Gruppe, die Ihren Schwerpunkt auf das Bewusstsein von Liebe legt, wird eine enorme Synergie und Geschlossenheit erleben. Wenn jedes Teammitglied mit einer klaren Vorstellung von Einheit arbeitet, kommen Kommunikation und Kooperation natürlich und spontan. Menschen, die aus einem Ort der Freude heraus leben und arbeiten, schaffen sich einen effizienteren und angenehmeren Arbeitsplatz.

Seien Sie für alles offen. Wir alle glauben, zu wissen, was das Beste ist, aber die Freuden des Lebens liegen in seiner Unberechenbarkeit. Imperien werden aufgebaut und brechen dann wieder zusammen. Alles in dieser Welt ist zerbrechlich — mit

Ausnahme dessen, was real ist, was sich niemals ändert und was immer nur mehr und mehr wird. Seien Sie offen. Organisieren Sie Ihr Leben mit allen Mitteln, aber pflegen Sie auch die Fähigkeit zu fließen, loszulassen, zu verändern, Ihren Kopf zu verlassen und in Ihr Herz zu fallen.

Als die Welt so an mir vorbei donnerte und meine Oberschenkel nach 120 Kilometern und zehn Stunden rittlings auf etwas schmerzten, was sich jetzt wie das unbequemste Pferd der Welt anfühlte, dachte ich das gleiche, was zu diesem Zeitpunkt auch bei meinem letzten Rennen hochkam: *"Warum mache ich das?"*

Ausdauerrennen sind intensiv. Ein Pferderennen über 160 Kilometer fordert sowohl das Pferd als auch seinen Reiter bis aufs Äußerste. Wenn ich mittendrin bin, gibt es einen Punkt, an dem mein Körper immer *"Warum?!"* schreit.

Dann erinnere ich mich daran, warum ich das mache: Weil ich es liebe. Manchmal ist es ermüdend, aber das ist der Teil, der mich fasziniert: die Herausforderung, die Aufregung und die Freude in jedem einzelnen Augenblick, wenn man sich in Richtung Ziel bewegt, aber in der Gegenwart verankert ist, wenn Reiter und Pferd eins sind und mein Bewusstsein mit diesem großartigen, kraftvollen Wesen verschmilzt, mit seiner Kraft und Elastizität, einem Wesen von großer Schönheit.

Die Gesundheit und der Herzschlag des Tieres bestimmen wesentlich den Ablauf des Rennens: Nach jeder Runde werden die Pferde von Tierärzten überwacht. Ihr Puls muss innerhalb von zwanzig Minuten nach jeder Runde unter sechzig Schläge pro Minute fallen. Die Pferde, die diesen strengen tierärztlichen Test nicht bestehen, werden disqualifiziert. Daher geht es in diesem Sport um Achtsamkeit genauso wie um das Rennen selbst, es geht um Geben, aber auch um nehmen — wenn ich meinem Pferd nicht die beste Pflege im Vorfeld und während des Rennens zukommen lasse, wird es die tierärztlichen Untersuchungen nicht bestehen und mich auch nicht zum Sieg führen. Daher muss ich mich um die Gesundheit und das Wohlbefinden meines Pferdes kümmern, so wie es mich zu tragen hat.

Wenn ich mir während eines Rennens ständig Sorgen darüber mache, *ob mein Pferd wohl die tierärztliche Untersuchung besteht, ob es unterwegs auf einen Stein tritt oder ob es gesund genug ist* für die nächste Runde, dann bin ich nicht gegenwärtig, um mit tatsächlich auftretenden Problemen umzugehen. Ich bin dann auf den Ausgang eines Rennens konzentriert, anstatt das Rennen selbst zu genießen. Wenn wir uns jedem Moment hingegeben, sind wir jenseits der Ergebnisse, sogar jenseits der Schmerzen. Wir leiden nicht in der Erwartung eines künftigen Ereignisses.

STRESS AM ARBEITSPLATZ

In Zeiten der Unsicherheiten ist es einfach, sich selbst in Panik zu bringen. Der drohende Verlust unserer Sicherheit, egal ob real oder imaginär, erzeugt ein hohes Maß an Stress. Möglicherweise durchleben wir gerade eine Scheidung oder unser Arbeitsplatz ist nicht sicher und es gibt Entlassungen im Büro. Oft überbewerten wir unbewusst die Schwere der Situation. Wir sind besessen davon, das Schlimmste zu befürchten und lassen zu, dass diese Besessenheit die Flexibilität erstickt, die wir in diesen unvorhersehbaren Zeiten mehr denn je benötigen.

Alles, was wir im Inneren fühlen, projizieren wir auf unsere Umgebung. Oft sind die Konflikte, die wir zuhause austragen, von dem Stress ausgelöst, den wir von der Arbeit mitbringen und umgekehrt. Die Lösung für unser Stressproblem liegt nicht in äußerlichen Veränderungen und auch nicht darin, Krisen zu überwinden, denn wenn ein Problem gelöst ist, erscheint schon das nächste. Die Lösung muss von innen heraus kommen. Lassen Sie sich fühlen, was um Sie herum vorgeht und gehen Sie auf Ihre inneren Bedürfnisse ein, ohne sie mit sich herumzutragen wie selbst verschuldeten Stress, der sich noch zu der Last des Stresses addiert, die Ihnen bereits durch die Anforderungen Ihrer Arbeit auferlegt wurde.

Stellen Sie sich vor, Sie treffen morgens im Büro ein und tragen alle Probleme, die Sie zu Hause hatten, auf Ihrem Rücken. Vielleicht hatten Sie beim Frühstück einen Streit, vielleicht war eins der Kinder krank und musste zum Arzt gebracht werden, vielleicht haben Sie aber auch am Abend zuvor etwas zu viel getrunken und fühlen sich nicht besonders wohl. Sie möchten mit all dieser inneren Anspannung vermutlich mit niemandem sprechen, und Ihre Aufgaben bei der Arbeit tragen nur noch dazu bei, dass sich diese Anspannungen verstärken. Was können Sie nun tun?

Abhängig von Ihrem Temperament und vielleicht auch von Ihrer Position bei der Arbeit, könnten Sie so einige kontraproduktive Ausdrucksformen von sich geben: vor Wut explodieren, sich streiten, schreien oder gegen den Schreibtisch treten. Oder vielleicht unterdrücken Sie Ihre Gefühle, weil Sie Ihre persönlichen Probleme nicht mit an den Arbeitsplatz nehmen wollen. Keine dieser beiden Reaktionen ist ideal. Unausgesprochene Gefühle reichern sich im Nervensystem an, der Körper fühlt sie und sie können sich schließlich als körperliche Krankheiten manifestieren. Andererseits, wenn Sie Ihren Stress bei anderen abladen, tragen Sie nicht zu einer gesunden Arbeitsatmosphäre bei. Also, was können wir nun mit dieser emotionalen Belastung tun?

Es gibt konstruktive Maßnahmen, die man gleich hier im Büro ergreifen kann, ohne so zu tun, als sei alles in Ordnung. Sie können Ärger oder Trauer auf die folgenden Arten loswerden. Ärger werden Sie los, wenn Sie ein lebloses Objekt anschreien oder auf es einschlagen (dann sollte es etwas weiches sein), Trauer werden Sie los, wenn Sie weinen. Sie können beides tun, ohne jemanden zu verletzen. Wütend auf der Arbeit? Gehen Sie auf die Toilette, knüllen Sie ein Handtuch zusammen und schalten Sie

Wütend auf der Arbeit? Gehen Sie auf die Toilette, knüllen Sie ein Handtuch zusammen und schalten Sie einen Gang runter, indem Sie in das Handtuch hinein schreien.

einen Gang runter, indem Sie in das Handtuch hinein schreien. Fühlen Sie sich frustriert und möchten weinen? Schlucken Sie Ihre Tränen nicht hinunter, lassen Sie sie laufen. Lassen Sie das Gefühl los, damit es nicht als unterdrückte Wut in Ihrer Brust festgehalten werden kann. Dann bleibt Ihr Herz offen, um sich jeden Moment wieder frisch zu fühlen.

Es gibt noch andere Wege, Frustrationen loszuwerden. Laufen Sie wenn möglich schnell einmal um den Block, wenn Ihnen mal wieder alles zu viel wird, oder wenigstens den Gang entlang und die Treppe hinunter. Wenn Sie jetzt Gelüste nach einer Zigarette oder Hausmannskost haben, halten Sie einen Augenblick inne und fragen Sie sich: "Was fühle ich jetzt gerade?". Verbinden Sie sich zuerst mit dem Gefühl, selbst wenn Sie dann doch eine Zigarette rauchen oder etwas essen. Zumindest haben Sie sich den Augenblick zugestanden, um die Last loszuwerden, die das Verhaltensmuster in Gang setzt und mit der Zeit wird sich die Intensität des Verlangens verringern.

Wenn Ihre Spannung aus den Gefühlen herrührt, die Sie Menschen gegenüber haben, mit denen Sie zusammenarbeiten, dann gehen Sie auf diese Menschen zu, anstatt sich wegzudrehen, und sagen Sie ihnen Ihre Wahrheit, damit Sie das Vergangene loslassen können. Drücken Sie aus, was Sie die ganze Zeit in Bezug auf sie gefühlt haben. Setzen Sie die Gefühle, die diese Menschen in Ihnen ausgelöst haben, in Bewegung und lassen Sie sie dann los.

AUFGEKLÄRTE KOMMUNIKATION AM ARBEITSPLATZ

Bei der Arbeit denken wir oft, wir sollten nicht ausdrücken, was wir empfinden, aus Angst davor, jemanden zu verletzen oder gegen sich aufzubringen. Wir sagen: "Hallo, wie schön, Sie zu sehen", während wir im Stillen denken: *Ich hasse ihn, aber ich muss jeden Tag mit ihm arbeiten, daher lächle ich und frage ihn, wie es ihm geht, obwohl mich das in Wirklichkeit gar nicht interessiert.*"

Ohne das dazu gehörende Gefühl höflich und freundlich zu sein, ist nicht echt. Es ist falsch und zerbrechlich, es hat keine Verbindung. Weil es aus dem Kopf kommt, ist es intellektuell, abgetrennt. Das Herz ist daran nicht beteiligt und die andere Person weiß das immer.

Vor kurzem kamen Lügen ans Licht, die Korruption und Manipulation auf weltweiter Ebene in vielen verschiedenen Situationen aufgezeigt haben. WikiLeaks hat eine bedeutsame Rolle in dieser Entwicklung gespielt, aber dennoch sehe ich das als eine Spiegelung der zunehmenden Ehrlichkeit auf persönlicher Ebene, in den Leben der Menschen auf der Erde, die anfangen, nach innen zu gehen und der Wahrheit ins Gesicht zu sehen. Nur die Wahrheit kann uns frei machen; Wahrheit ist die Sprache des Bewusstseins von Liebe. Je ehrlicher wir werden, desto mehr Ehrlichkeit wird die Welt reflektieren, in der wir leben. Wir können für die Gleichstellung demonstrieren, mehr von unseren Politikern verlangen und daran arbeiten, Unrecht aufzudecken, aber wir können zu einer ehrlichen und gerechten Gesellschaft am besten beitragen, indem wir mehr Transparenz in unserem eigenen Leben zeigen.

An unserem Arbeitsplatz ignorieren wir normalerweise unsere Gefühle und geben vor, dass alles in Ordnung sei. Auf diese Weise vermeiden wir Meinungsverschiedenheiten und leben in einem Zustand scheinbarer Fröhlichkeit, aber darunter liegt all die Frustration, all die Wut, die wir oft auch auf die Menschen haben, mit denen wir täglich arbeiten müssen.

Um echt zu sein, müssen wir uns klar ausdrücken. Wenn wir das nicht tun, fangen wir an, uns zu hassen. Der Kopf sagt: *"Davor habe ich aber Angst! Ich könnte jemanden verletzen. Oder ich könnte mir Feinde bei der Arbeit machen und gefeuert werden!"* Aber wenn Sie weiterhin Ihre Unzufriedenheit hinunterschlucken und ihre Beschwerden weiter begraben, verletzen Sie bereits jemanden: Sie verletzen sich selbst.

Die Wahrheit fliegt am höchsten. Wahrheit bringt immer Einigkeit. Schutzmaßnahmen verstärken die Angst und sorgen für Trennungen. Machen Sie eine Gewohnheit daraus, Ihre Belange gegenüber Ihren Kollegen auf eine mitfühlende Art zu äußern und seien Sie offen für das, was sie als Antwort zu sagen haben. Wenn die Kollegen sehen, dass Sie frei von Ängsten, Urteilen und Groll sind, werden sich Ihre Beziehungen ändern und Sie werden sich diesen Menschen bald sehr viel näher fühlen.

Die Wahrheit fliegt am höchsten.

Eine andere Tendenz im Job ist, dass man tagelang so von der Routine gefangen genommen wird, dass man vergisst, überhaupt irgendetwas Nettes zu sagen. Wie viele Chefs nehmen Ihre Angestellten für selbstverständlich und vergessen, die unzähligen Arten zu würdigen, mit denen ihre Assistenten ihren Job - und damit natürlich auch ihr Leben - einfacher machen? Umgekehrt sind Assistenten oft über ihre niedrigen Positionen verärgert und vergessen, dass ihre Rollen genauso wichtig sind wie die der Manager. Sie ärgern sich, wenn etwas Zusätzliches von ihnen verlangt wird, anstatt sich über die Chance zu freuen, etwas Neues zu lernen oder sich selbst herauszufordern.

Solange wir uns auf unsere Schwierigkeiten konzentrieren, bilden Beschwerden die Basis unserer Gespräche am Arbeitsplatz. Aber wir können dieser Tendenz entgegenwirken, indem wir bewusst loben und so unsere Wertschätzung zeigen, was uns die Türen ins Unendliche öffnet. Hat Ihnen Ihre Chefin gerade einen neuen Einsatz verschafft, der mehr Kreativität als die üblichen langweiligen Aufgaben erfordert? Sagen Sie ihr, dass Sie glücklich darüber sind und danken Sie ihr. Hat Ihr Assistent gute Arbeit geleistet, als er den Tagesbericht der Aufsichtsratssitzung getippt hat? Sagen Sie ihm das. Gefallen Ihnen die Schuhe, die Karola aus der Personalabteilung trägt? Machen Sie ihr ein Kompliment. Indem Sie loben oder ein Kompliment machen, können Sie die Energie im Raum komplett verändern. Selbstloses Anerkennen derer, die Sie umgeben, bietet den zusätzlichen Bonus, dass auch Sie sich gleich glücklicher fühlen. Machen Sie es sich zur Gewohnheit, jeden Tag jemandem bei der Arbeit etwas Nettes zu sagen und Sie werden bald eine neue Erfahrung machen, die auf Wärme und Liebe basiert und weit über Ihre kühnsten Träume in Bezug auf einen Arbeitsalltag hinaus geht.

Zum Nachdenken

Jede Situation bietet Chancen, bewusst zu sein.

- Suchen Sie im Büro nach Wegen, etwas zu geben, anstatt sich darauf zu konzentrieren, was Sie bekommen. Richten Sie Ihre Aufmerksamkeit auf die Freude, innerhalb Ihrer Rolle am Arbeitsplatz zu dienen. Erinnern Sie sich: Wer gibt, gewinnt.

- Wo können Sie als Einheit arbeiten und Teil eines Teams sein, das auf ein gemeinsames Ziel hin arbeitet? Konzentrieren Sie sich darauf, zuzuhören, insbesondere denen, die Sie in der Regel ärgern oder denen gegenüber Sie einen gewissen Groll hegen.

- Wenn Sie die Einstellung von jemandem nicht mögen, sagen Sie es ihm, anstatt sich hinter seinem Rücken zu beschweren. Sie werden herausfinden, dass Ihre Kritik sogar nützlich sein und anderen Mut machen kann, sich als Menschen und in ihrer Rolle am Arbeitsplatz zu verbessern.

Teil III

Strategien gegen die Fallstricke des täglichen Lebens

Das Tempo unserer Welt scheint in den letzten Jahren exponentiell zugenommen zu haben. Unsere Köpfe sind mit einem unerträglichen Stimmengewirr angefüllt, eine Kakophonie von "Du musst dies tun!" und "Warum tun warum wir das nicht?" — Vorwürfe und Erwartungen, die weit über das hinausgehen, was menschenmöglich zu erreichen ist. In unserer Hast, den Anforderungen und Erwartungen derer um uns herum zu entsprechen, lassen wir oft zu, dass uns der Druck der vielen Forderungen fertig macht.

Manchmal fühlen wir uns erschöpft, noch bevor wir morgens aufgestanden sind. Eine Reihe an Gefühlen hat das Fass zum Überlaufen gebracht und lässt uns verwirrt und intolerant zurück. Wir haben so viele eigene Bedürfnisse, dass wir explodieren, sobald unsere Kinder, Partner oder Chefs etwas mehr von uns wollen. Im Ergebnis tragen wir danach noch eine zusätzliche Last, weil wir uns schuldig fühlen und es uns leid tut, dass wir explodiert sind. Wir wären gerne überragend, aber wir wissen nicht einmal, wie wir die Mitte finden können, von der aus wir allem begegnen können, was immer uns das Leben bringt, ohne dass wir das Gefühl haben, ein schweres Gewicht auf unserem Rücken zu tragen oder dass uns Angst die Kehle zuschnürt. Wir schwingen zwischen Verzweiflung und niedergeschlager Resignation und sind nicht in der Lage, zu genießen, was wir jetzt in unserem Leben haben.

Diese Beschreibung mag extrem klingen, aber ich höre erstaunlich oft von solchen Empfindungen. Konfrontiert mit ständig wachsenden Anforderungen von außen, setzen wir uns einem wahren Dauerfeuerwerk innerer emotionalen und geistigen Angriffe aus, die sich auf viele verschiedene Weisen manifestieren: unter anderem als Depressionen, Schlaflosigkeit und Panikattacken. In unseren Beziehungen haben wir Konflikte mit unseren Partnern. Wir empfinden die Kommunikation mit unseren Kindern als verzerrt und fühlen eine ständige, ängstliche Notwendigkeit, sie zu kontrollieren, wenn sie an Grenzen stoßen, unsere Autorität herausfordern und eine Welt erforschen, die immer unberechenbarer und gefährlicher zu sein scheint. Unsere Versuche, sie vor Schaden zu bewahren, hinterlassen ein Gefühl von Sinnlosigkeit, während wir vor Angst und Frustration gelähmt sind. In einer Welt, in der es oft so aussieht, als würden wir ihre Sprache nicht mehr sprechen, wissen wir nicht, was wir tun sollen oder wie wir reagieren sollen, oder wie wir einen Kommunikationsweg als roten Faden einrichten können.

Ich bin hier, um Sie daran zu erinnern, dass Sie sich in jedem Augenblick für die Liebe und den Frieden entscheiden können, mit Freude und unabhängig davon, was das Leben Ihnen gerade bringt. In diesen letzten Kapiteln biete ich Ihnen einfache Werkzeuge an, die Sie dazu benutzen können, den Druck zu erleichtern, der durch die Anforderungen des heutigen Lebens erzeugt wird, und Frieden verkörpern. Ich möchte Ihnen zeigen, wie Sie an einen Platz kommen, an dem Sie nicht mehr kämpfen und nicht mehr suchen müssen.

Kapitel 14

Gegen den Alltagstrott: bewusster Urlaub und eine Zeit des Seins

Wenn wir die Last der Welt auf unseren Schultern spüren, ist es lebensnotwendig, flexibel und im Fluss zu bleiben, und mit allen wichtigen und grundlegenden Aspekten unseres Seins verbunden zu sein. Das ist der Schlüssel, um klar bleiben zu können, wenn wir mit schwierigen Entscheidungen konfrontiert werden.

Natürlich ist das leichter gesagt als getan. Viele von uns kümmern sich von dem Moment, an dem sie morgens aufwachen, bis zu dem Moment, an dem sie schlafen gehen, um die Bedürfnisse ihrer Kinder, den Anforderungen und Beanspruchungen ihrer Arbeit und den Aufgaben, die der Haushalt mit sich bringt. Wie können wir die Lehren des Bewusstseins von Liebe an vorderster Stelle unseres Bewusstseins halten?

Bevor wir unser tägliches Leben mit dem Bewusstsein von Liebe durchströmen lassen, sind wir wie große, klobige, alte Diesellaster. Wir werden von einer schmierigen Verbindung angetrieben, die aus den tiefsten Schichten emotionaler Rückstände stammt. Dieser Treibstoff entstammt einer veralteten Technologie, die wir von den vergangenen Jahrhunderten geerbt haben, und ist an ein Gefühl des Mangels gekoppelt und von Konflikten und Umweltzerstörung abgeleitet. Obwohl wir möglicherweise jeden Tag mit einem vollen Tank starten, ist unser Treibstoff nicht ergiebig und bringt uns nicht weit, bis die Anforderungen unseres Leben den Tank völlig leeren und uns erschöpft zurücklassen, während die Welt um uns herum durch unsere Emissionen aus Groll und Misstrauen verschmutzt wird.

Aber in diesem neuen Jahrtausend haben wir Optionen. Wir können stattdessen zu Fahrzeugen werden, die null Emissionen haben und mit purer Liebe fahren. Wir können erfrischt jeden Tag beginnen, denn wir können bis zum Mond und zurück reisen, ohne dass uns der Sprit ausgeht. Wohin wir auch gehen, wir strahlen nichts Giftiges aus, nur Liebe. Egal, wie viel Boden wir an jedem einzelnen Tag auch beackern müssen, egal wie viele Anforderungen die Familie oder unsere Arbeit an uns stellen, wir haben am Abend noch immer etwas Sprit in unserem Tank und wir können unsere Batterien jederzeit wieder aufladen, indem wir uns selbst an eine unendliche Quelle anschließen.

Zusätzlich zu all den Praktiken und Einsichten, die ich Ihnen bislang in diesem Buch gezeigt habe, sind hier noch zwei weitere Vorschläge, die Ihnen dabei helfen sollen, eine Null-Emissions-Liebesmaschine statt einer stinkenden alten Kiste zu werden: bewusster Urlaub und eine Zeit des Seins.

Nehmen Sie sich eine Auszeit

Urlaub. Der Höhepunkt des Jahres, die Oase der Freiheit in einer Wüste aus Routine. Urlaube machen den Alltag erträglicher. Sie sind wie Lichter am Horizont, etwas, auf das wir uns freuen können. Doch mit dem Urlaub kommen Reisevorbereitungen, Familientreffen und zusätzliche Kosten - ein eigener Satz an Anforderungen, Erwartungen und Aufgaben.

Die Kinder sind nicht in der Schule. Vielleicht können wir unsere Zeit mit ihnen verbringen, oder vielleicht müssen wir jemanden finden, der auf sie aufpasst, denn wir haben Verpflichtungen auf der Arbeit. Vielleicht gehen wir an den Strand, in die Berge oder an einen exotischeren Platz, oder wir bleiben zuhause und planen tägliche Ausflüge mit der Familie.

Urlaube bieten neue Möglichkeiten, aber sie können sehr leicht auch zu einem weiteren Grund werden, warum wir uns unter Druck fühlen, weil wir zu viel von uns selbst verlangen. Um aus der Urlaubszeit das meiste herauszuholen, nehmen Sie sie als eine Gelegenheit, Ihre Beziehung zu sich selbst zu stärken. Als natürliches Ergebnis werden dann auch die Beziehungen zu denen gestärkt, die Sie lieben und die Ihnen nahe stehen. Verwenden Sie diese gemeinsamen Tage, um verschiedene Dinge auszuprobieren. Hier sind einige Ideen, die zweifelsohne zu unterschiedlichen Ergebnissen führen. Aber das Beste an den folgenden Ratschlägen ist, dass sie nichts kosten und nicht im Voraus geplant werden müssen.

- Versuchen Sie, Ihrer Familie gegenüber sensibler zu sein und achten Sie mehr auf Ihr Umfeld. Beginnen Sie jeden Tag damit, dass Sie sich mit sich selbst verbinden und nehmen Sie sich eine Stunde am Tag, um den Lehrsätzen des Isha Systems (siehe Anhang I) oder einer spirituellen Praxis Ihrer Wahl zu folgen. Dann bringen Sie dieses Selbst-Bewusstsein in die Interaktionen mit Ihrer Familie ein, hören Sie auf sich selbst, bleiben Sie mit sich in der Gegenwart und seien Sie sich Ihrer eigenen Reaktionen und Gefühle gewahr, die Sie im Austausch mit Ihrer Familie haben. Wenn Sie mit sich selbst in Berührung sind, ist es schwer, anderen gegenüber unsensibel zu sein. Unsere Interaktionen werden schroff und unsere Antworten unverhältnismäßig hart, wenn der Geist durch Ängste und Sorgen abgelenkt ist oder wir uns in eine Tätigkeit vertiefen, um uns selbst zu entkommen.

- Wenn ein von Ihnen geliebter Mensch kommt, um mit Ihnen zu sprechen, egal, ob es sich dabei um Ihr Kind, Ihre Freundin, Ihren Ehemann oder Ihre Mutter handelt, schenken Sie ihm oder ihr Ihre volle Aufmerksamkeit. Nehmen Sie Augenkontakt auf, finden Sie etwas, das Sie würdigen können und fragen Sie die andere Person nach deren Befinden.

- Vermuten Sie nichts — wenn Sie sich nicht sicher sind, was sie Ihnen erzählen will, fragen Sie nach und konzentrieren Sie sich darauf, ihrer Antwort richtig zuzuhören und sich dabei von Herzen mit ihr zu verbinden. Sie werden feststellen, dass Ihre familiären Beziehungen intimer, ehrlicher und liebevoller werden, wenn Sie auf diese Kleinigkeiten achten.

- •Konzentrieren Sie sich darauf, etwas wertzuschätzen und bedanken Sie sich für die kleinen Dinge des Lebens, die Schönheit der Welt um Sie herum, das spontane, gemeinsame Lachen mit einem Freund. Sie können sogar einen Wettbewerb daraus machen und schauen, wie oft Sie an jedem einzelnen Tag eine Wertschätzung laut aussprechen können: Sobald Ihnen jemand oder etwas Freude macht, bedanken Sie sich oder machen Sie ihm oder ihr ein Kompliment, oder sagen Sie etwas über die Schönheit, die Sie um sich herum sehen. Wenn Ihre Angehörigen sehen und hören, wie Sie die Welt schätzen, werden Sie zum guten Beispiel für die Menschen um Sie herum, insbesondere für Ihre Kinder, was zusätzliche Nähe schafft. Das Bewusstsein von Liebe ist ansteckend!

- Wagen Sie etwas mit Ihren Kindern, Ihrem Partner, Ihrem Haustier zu tun, das Sie schon eine ganze Weile nicht mehr getan haben. Überraschen Sie sie mit einem Abenteuer, das eine schöne Erinnerung dieser gemeinsamen Zeit hinterlässt, Abenteuer, die noch nicht einmal Geld kosten. Benutzen Sie Ihre Phantasie oder fragen Sie sie nach Ideen. Wir neigen dazu, uns etwas mit Konsum vorzunehmen, aber es gibt so viele natürliche Wunder um uns, wo auch immer wir hinsehen. Manchmal sind die erstaunlichsten Dinge des Lebens ganz nah und wir nehmen noch nicht einmal Notiz von ihnen. Wenn Sie in der Stadt wohnen, dann können Sie aufs Land fahren oder zumindest in den Park gehen oder in das nächste Naturschutzgebiet. Erinnern Sie sich noch daran, worüber Sie als Kind staunten? Erinnern Sie sich daran, wie faszinierend es war, einfach still zu sitzen und etwas zu beobachten, ganz in dieser Erfahrung gefangen? Wir neigen dazu, unsere Kindern in Formen der Erwachsenenunterhaltung miteinzubeziehen, aber vielleicht gibt es auch etwas Einfacheres, das uns alle zusammenbringt. Versuchen Sie, zusammen eine Sandburg zu bauen oder spielen Sie Verstecken. Pflücken Sie Blumen oder Obst. Oder organisieren Sie ein nächtliches Abenteuer, bestaunen Sie die Sterne und schauen, wie viele Konstellationen Sie finden - oder, noch besser: Erfinden Sie eigene!

Wenn Sie einen Teil Ihres Urlaubs oder den ganzen Urlaub dafür verwenden, um aus Ihren alltäglichen Anforderungen herauszutreten und sich stattdessen Ihren Angehörigen vollständig zu widmen, wird es einfacher für Sie sein, sich mit ihnen gefühlsmäßig zu verbinden und Konflikte abzubauen. Ängste, Vorstellungen und Masken können abfallen, und Sie können die tiefste Form der Zuneigung entdecken, die einfach so zwischen uns allen fließt. Sie werden herausfinden, dass die Liebe in Ihrem Ausdruck natürlicher fließen kann, wenn Sie sich darauf konzentrieren, wertzuschätzen und zu danken.

Einen bewussten Urlaub zu verbringen, ist eines der besten Geschenke, das Sie sich und Ihren Lieben machen können. Achten Sie darauf, dieses Erlebnis bis auf das Äußerste auszukosten.

VERSUCHEN SIE ES MIT EINER ZEIT DES SEINS

Wenn Sie jemals das Gefühl haben, dass die Dinge sich stets gegen Sie wenden, dann schlage ich Ihnen vor, dieses neue Konzept auszuprobieren: Nehmen Sie sich eine Zeit des Seins. Was wir wirklich brauchen, ist, zu sein, Zeit, uns selbst zuzuhören, uns von dem ständigen Tun des täglichen Lebens abzukoppeln und überhaupt nichts zu tun. Wir sind normalerweise so beschäftigt, dass wir den Bezug zu unserer inneren Stimme verloren haben. Wir haben vergessen, was wir wirklich wollen.

Wie nehmen Sie sich eine Zeit des Seins? Es ist ganz einfach: Planen Sie etwas Zeit ein, in der Sie nur für sich sind. Um zu fühlen, was auch immer hochkommt, es kann Friede und Freude sein, aber auch Angst und Unsicherheit. Mit sich selbst Zeit zu verbringen, macht sie bewusster. Wenn Sie sich im Moment verankern und still beobachten, was in Ihrer Umgebung passiert, bringt das mehr Klarheit in Ihr Leben. Es hilft Ihnen, sich von den chaotischen Gedanken zu lösen, die auf Angst und Kritik basieren und so oft Ihre Entscheidungen beeinflussen. Es hilft Ihnen, den Unterschied zwischen den Ängsten Ihres Geistes und der Wahrheit des Herzens zu unterscheiden. Es hilft Ihnen, Ihre Prioritäten zu setzen.

Sie verbringen so viel Zeit, in der Sie etwas tun — können Sie nicht ein wenig Zeit nur für sich verwenden? Hier sind einige praktische Hinweise, um eine Zeit des Seins zu nehmen.

- Eine Zeit des Seins kann einen Tag oder ein paar Tage dauern . . . oder sie kann zu einem regelmäßigen Teil Ihres Alltags werden — jeden Sonntagnachmittag zum Beispiel.
- Nutzen Sie Ihre Zeit des Seins als eine Zeit ohne Ablenkungen. Schalten Sie den Fernseher aus, widerstehen Sie dem Drang, nach einem Buch zu greifen, versuchen Sie einfach nur, mit sich selbst zu sein. Die Lehrsätze, die im Anhang I erklärt werden, sind ideale Werkzeuge, um dieses Bewusstseins von sich selbst zu kultivieren, und eine perfekte Zeit des Seins könnte einfach beinhalten, die Lehrsätze in einer beliebigen Anzahl verschiedener Umgebungen zu üben — mit geöffneten oder geschlossenen Augen, in Ihrem Lieblingssessel, in warme Decken gehüllt im Bett an einem Regentag, oder sogar beim Gassigang mit dem Hund. Das Wichtige ist, dass Sie sich die Zeit nehmen, mit sich selbst zu sein.
- Planen Sie Ihre Zeiten des Seins im Voraus: Markieren Sie den Tag oder die Uhrzeit in Ihrem Kalender. Auf diesem Weg ist es einfacher, Ihrer Verpflichtung sich selbst gegenüber treu zu bleiben und die Zeit nicht zu verschieben, indem Sie sich mit Dingen ablenken, von denen der Kopf meint, sie wären wichtiger. Es gibt nichts Wichtigeres als unser Verhältnis zu uns selbst, aber es ist so einfach, das zu vergessen und sich im täglichen Tun zu verlieren. Sich Zeit für sich selbst zu nehmen ist alles andere als selbstsüchtig, denn es erfüllt Sie, bringt Sie in einen besseren Geisteszustand und ermöglicht Ihnen, sich den täglichen Herausforderungen mit mehr Frieden, Klarheit und Mitgefühl zu stellen.

Bewusste Urlaube und Zeiten des Seins vermitteln Ihnen eine tiefe Ebene des Selbstvertrauens, das Ihr inneres Selbst nährt und anfängt, Ihre Entscheidungen mit einer größeren Klarheit zu leiten. Das Ergebnis wird eine bessere Kommunikation und ein größeres Verständnis zwischen Ihnen und Ihren Kindern, Ihrem Partner und Ihren Kollegen sein. Sie helfen Ihnen auch dabei, Ihre Beziehung zur Gegenwart zu stabilisieren. Sie werden anfangen, das Hier und Jetzt als einen fruchtbaren Garten anzusehen und während Ihrer Erholungszeiten werden Sie Samen einpflanzen, die zu blühenden Blumen heranwachsen und zu Früchten, die neue Farben und Nuancen in Ihr Leben bringen und so Ihre Gefühle nähren werden. Indem Sie sich eine Auszeit nehmen und diesen Raum dazu nutzen, sich zu erholen und zu wachsen, bringen Sie neue Weisheit in Ihr Leben: die Weisheit Ihrer eigenen, inneren Wahrheit, die Sie erkennen, wenn Sie auf Ihr Herz hören.

Kapitel 15

Gegen Unsicherheit und Einsamkeit:
Lernen Sie sich und Ihre Umgebung schätzen

Das Gegenmittel zu Unsicherheit und Einsamkeit

In der heutigen Welt kämpft eine beispiellose Zahl an Menschen gegen Gefühle der Unsicherheit und Einsamkeit. Menschen aller Gesellschaftsschichten und Altersgruppen fragen mich, wie man diese schwächenden Gefühle bewältigen kann. Ich glaube, einer der Gründe, warum sie verstärkt auftreten, ist, dass die Menschen sich keine Zeit mehr für Ihre Beziehung zu sich selbst geben: Wir schätzen die Schönheit unserer inneren Präsenz nicht. Wir haben die Fähigkeit verloren, die Zeit mit uns selbst zu genießen und wurden abhängig von äußerer Zerstreuung. Die Lösung liegt dann darin, nach innen zu gehen. Hier sind einige Überlegungen und Anregungen für Ausflüge in die Selbstbestimmung, um über diese schwierigen Empfindungen hinweg zu kommen.

UNSICHERHEIT

Wie können wir Gefühle der Unsicherheit in einer unsicheren Welt überwinden? Wie können wir wahre Stabilität im Treibsand der Neuzeit finden? Die Wahrheit ist, dass wir Sicherheit nur dort finden können, wo sie schon immer war: in uns!

Wenn Sie sich jemals unsicher fühlen, weisen Sie dieses Gefühl nicht ab. Es wird sonst wiederkommen und Sie verfolgen. Wenn Sie ein Kind ignorieren, wird es bleiben und um Liebe betteln. Wenn Sie einen Teil von sich ignorieren, wird es in Ihrem Hinterkopf bleiben wie eine Lüge, die Sie verstecken, aber nicht vergessen können.

Es ist beängstigend, sich mit den Teilen von sich auseinander zu setzen, die man verurteilt. Wenn Sie das tun, geben Sie zu, dass die Maske, die Sie der Gesellschaft präsentiert haben, eine Lüge ist. Sie werfen die Krücken weg, die Ihnen geholfen haben, sich stark zu fühlen und es wird Momente geben, in denen Sie Ihre Fähigkeit anzweifeln, ohne sie zu laufen. Aber wenn Sie Ihre Unsicherheit loswerden wollen, ist das ein Prozess, auf den Sie sich einlassen müssen.

Bevor ich meine Reise antrat, mich selbst zu entdecken, war meine Unsicherheit lähmend. Ich fühlte mich ständig scheu und schüchtern, aber ich hatte eine Vorstellung davon, wer ich sein sollte, daher versteckte ich meine Schwäche hinter der Fassade meines selbstbewussten und offenen Auftretens. Aber hinter dieser Fassade musste ich mit der Wahrheit leben. Bis zu einem gewissen Grad tun wir das alle. Wir haben eine Vorstellung davon, wie wir uns anderen präsentieren, aber solange wir von den wechselnden Meinungen einer veränderlichen Welt abhängen, werden wir in Angst leben. Der einzige Weg, diese Angst zu überwinden, ist, die Festung loszuwerden, die wir aufgebaut haben, damit sie uns schützt, die aber nun zu unserem Gefängnis wurde.

Dieser Prozess der Selbstakzeptanz ist ein Akt der Liebe. Er ist das größte Geschenk, das Sie sich selbst machen können. Seien Sie freundlich, wenn Sie es tun. Strafen Sie sich nicht für Ihr Gefühl der Unsicherheit oder für das, was Sie als Schwäche bei sich wahrnehmen. Wenn ein Kind Angst hat, strafen Sie es dann? Nein, Sie lieben es, Sie sprechen mit ihm, Sie trösten es. Nur mit uns selbst sind wir rabiat und unversöhnlich. Wir tolerieren unsere Fehler nicht. Um innere Sicherheit zu finden, müssen wir lernen, uns zu lieben und uns zu vertrauen.

Wir müssen lernen, jede einzelne Seite an uns zu akzeptieren, aber nicht aus Resignation oder dem Gefühl heraus, dass wir versagt hätten, sondern indem wir das Kind in uns lieben und hinter die Seiten sehen, die uns nicht länger dienen.

Wenn Sie sich einer Seite von Ihnen bewusst werden, von der Sie gelernt haben, sie zu verstecken, dann bewegen Sie sich auf sie zu. Hören Sie auf, sie mit mehreren Schichten Ihrer Persönlichkeiten zu bedecken. Wenn Sie sich unsicher fühlen, wie Sie eine neue Aufgabe bei der Arbeit bewerkstelligen sollen, fragen Sie um Hilfe. Gehen Sie aus Angst, unsicher zu wirken, keinen Kompromiss beim Ergebnis Ihrer Arbeit ein. Wenn Sie temperamentvoll sind, nehmen Sie das freudig an. Ihr Temperament ist eine Seite Ihrer Menschlichkeit und wenn Sie lernen, es zu lieben, können Sie diese Leidenschaft dazu nutzen, die Menschen um Sie herum zu inspirieren, mehr zu erreichen! Wir glauben, Liebe sei süß und bescheiden, aber Liebe kann auch kraftvoll sein: Sie kann Passivität und Bequemlichkeit zum Handeln bringen. Indem Sie Ihren Ärger unterdrücken, unterdrücken Sie auch Ihre Kraft, Ihre Leidenschaft und Ihre Führungsqualitäten.

Noch in einem weiteren Bereich neigen wir zu einem hohen Maß an Unsicherheit: bei unserem Körpergefühl. Als ich in Südamerika lebte, bemerkte ich, dass die Latinos anscheinend ihren Körper freudiger annehmen als die Menschen anderer westlicher Kulturen. In Brasilien beispielsweise gehen Frauen mit viel Zellulitis im String-Tanga an den Strand. Es scheint ihnen nichts auszumachen und sie nehmen ihre Körper an, wie sie sind, während die Menschen in Australien oder Amerika eher mit einem langärmeligen Neoprenanzug im Sand liegen als mit einem Tanga! Je eher Sie die Teile Ihres Körpers, die Sie nicht mögen, erkennen und annehmen, desto eher sind Sie Ihre Abneigung los. Denn unter unserer Scham über unsere Körper steckt die Angst, nicht geliebt zu werden. Und wenn Sie diese Angst freudig annehmen und als das erkennen, was sie ist, fällt auch die Illusion, die sie geschaffen hat. Was bleibt dann übrig? Liebe. Es ist, wie wenn Wolken die Sonne verdecken: Wenn die Illusionen vorbei sind, scheint das Licht durch. Konfrontieren Sie Ihre Ängste mit Liebe — weisen Sie sie nicht zurück und vermeiden Sie sie nicht; denn wenn Sie das tun, werden die Wolken vor der Sonne bald zu einem Monsun.

Unsere Unsicherheiten werden am meisten sichtbar, wenn die Dinge nicht so funktionieren, wie wir dachten. Wenn das passiert, kommt die Angst hoch und unser Bedürfnis nach Kontrolle wird sichtbarer. Dieses Bedürfnis, die Menschen und Dinge um uns herum zu kontrollieren, reflektiert innere Unsicherheit. Liebe vertraut und fließt, Angst kontrolliert und widersetzt sich. Wenn Sie das Bedürfnis haben, zu kontrollieren, gehen Sie tiefer. Unter Ihren sorgenvollen Gedanken werden Sie etwas viel Größeres finden.

Sobald Sie eine innere Wandlung erfahren und sich der Liebe bewusst werden, wird die bedingungslose Eigenliebe zu einer Kraft, die in Hülle und Fülle aus Ihnen fließt. Alles fließt erst Ihnen, dann allen anderen entgegen. Das Bewusstsein von Liebe wird zum Magneten, einer machtvollen Kraft, die alles anzieht und Ihre Werke werden Ihre Erwartungen übertreffen. Sie sehen dann, dass in Wirklichkeit niemals irgendetwas fehlte und dass alles hier und jetzt ist, denn wenn Sie sich innerlich komplett fühlen, kommt alles zu Ihnen. Wenn Sie in dieser Sphäre verankert sind, werden Sie zur Liebe.

Wählen Sie die Liebe und sie wird zu Ihnen kommen. Anstatt sich auf das zu konzentrieren, was fehlt, konzentrieren Sie sich auf das Geben — Geben ohne Limit.

Wir sind darauf trainiert, zu glauben, dass alles begrenzt ist, und dieser Gedanke bringt uns Angst und Unsicherheit. Legen Sie Ihren Fokus jetzt auf die Liebe und erfahren Sie die unbegrenzte Fülle der Schöpfung. Ich lade Sie dazu ein, dieses Erlebnis in sich zu erschaffen und die tiefgreifende, dauerhafte Erfüllung zu entdecken, die in Ihrem Herzen liegt.

Versuchen Sie folgendes:
Verankern Sie sich um Unsicherheit
zu vertreiben

Unsicherheit wird durch die Ängste des Geistes genährt und ist mit Ihrem Image verbunden — *was werden die Leute denken?* Wenn Sie sich unsicher fühlen, verankern Sie sich mit etwas tiefer Gehendem, um sich von der Unsicherheit zu befreien. Sie können das tun, indem Sie an den ersten Glaubenssatz denken, die Liebe in diesem Moment in ihrer Perfektion preisen und die Aufmerksamkeit in Ihr Herz bringen (siehe Anhang I, dort steht, wie das geht). Das wird Sie zurück in das Bewusstsein des gegenwärtigen Moments bringen. Wenden Sie diesen Lehrsatz wiederholt an, bis er Sie zurück in Ihren inneren Platz der Liebe bringt, und erlauben Sie Ihrer Angst und Unsicherheit, sich aufzulösen.

EINSAMKEIT

Haben Sie sich schon einmal so einsam gefühlt, dass nichts dieses Gefühl lindern konnte? Vielleicht haben Sie das darauf zurückgeführt, dass Ihnen die Unterstützung von Ihren Angehörigen fehlte oder dass der Partner, ein Freund oder ein Familienmitglied nicht da war. Vielleicht waren Sie weit von zuhause weg, hatten Schwierigkeiten, sich einzuleben oder fühlten sich Ihrer neuen Nachbarschaft nicht zugehörig. Vielleicht hatten Sie das Gefühl, als hätten Sie Ihr Herz in den Händen Ihrer Geliebten zurückgelassen.

Unabhängig von der Ursache erstickt das Gefühl von Einsamkeit das Herz und schnürt die Kehle zu. Einsamkeit macht uns introvertiert und versetzt uns in Angst und Panik. Wir haben dieses Gefühl oft sogar, wenn wir von Menschen umgeben sind — seelische Wunden, Abwehrmechanismen und andere Schutzmaßnahmen machen uns undurchdringlich für die Zuneigung anderer. Selbst die gefeierte amerikanische Schauspielerin und das Sexsymbol Marilyn Monroe, eine Frau, die sicherlich nie Mangel an Begleitern hatte, litt an diesem Gefühl des Alleinseins: "Ich bin allein — ich bin immer allein, egal was ist", schrieb sie in ihr Tagebuch.

In diesem Stadium der inneren Unzufriedenheit können wir nichts annehmen. Wir nehmen die Geschenke nicht wahr, die uns das Leben anbietet, denn wir haben die Türen vor Freude und Zufriedenheit verschlossen. Vielleicht hängen wir an der Vergangenheit und denken, nur unsere vergangene Beziehung, unser letzter Job oder das frühere Leben in einem anderen Land hätten uns glücklich machen können, weil wir andere Freunde hatten, eine andere finanzielle Situation oder weil wir jung waren oder gesund.

Ich lade Sie ein, den Trost und die Begleitung zu entdecken, die tief in Ihrem Inneren darauf warten, geweckt zu werden, hier und jetzt. Es kann keine Einsamkeit mehr geben, wenn wir bedingungslose Liebe in uns ausbauen und uns selbst von Ängsten und emotionalem Ballast befreien, der uns erschöpft und von anderen trennt.

Das Bewusstsein von Liebe ist niemals einsam. Das wissen Sie, wenn Sie jemals ein Kind dabei beobachtet haben, wie es alleine gespielt hat, versunken in seiner Phantasie, selbstzufrieden. Es schafft sich seine eigene Unterhaltung in der Freude, die seinem Wesen entspringt.

Versuchen Sie folgendes:
Betrachten Sie alles mit Wertschätzung

Sobald Sie sich einsam fühlen, so als würde etwas fehlen, konzentrieren Sie sich darauf, selbst die kleinsten Dinge wertzuschätzen, anstatt draußen etwas zu suchen, das Sie unweigerlich mit leeren Händen dastehen lässt. Beginnen Sie mit der kleinsten Blume, auf die Sie, ohne es zu bemerken, beinahe getreten hätten. Nehmen Sie wahr, dass sie trotz ihrer kleinen Größe vollkommene Linien und Formen und einen feinen, süßen Duft hat. Seien Sie dankbar für das spielende Kind, den Hund, der seinen Knochen bewacht, die Mutter, die ihr Baby trägt, das Paar, das Arm in Arm läuft und so ineinander verschränkt ist, als würde nichts anderes existieren. Achten Sie auf die Wolken, die die Sonne verdecken wollen und sogar auf die chaotische Sinfonie des Straßenverkehrs. Was wird geschehen, wenn Sie sich alles mit Wertschätzung ansehen? Sie werden bemerken, dass sich etwas in Ihrer Brust öffnet und plötzlich überraschen Sie sich selbst mit einem Lächeln, das aus Ihrem Innersten aufsteigt.

Etwas mit Wertschätzung zu betrachten bedeutet, "Ja" zu allem zu sagen. Bald werden Sie feststellen, dass Ihr ganzes Wesen dieses "Ja" ausstrahlt und die Aufmerksamkeit der anderen anzieht, die ebenfalls auf dieser Wellenlänge schwingen. Es ist jedoch wichtig, dass Sie diese Veränderungen ohne Erwartungen vollziehen — nicht um etwas zu erhalten, sondern nur um diesen Augenblick aus einer anderen Perspektive heraus zu erleben.

Beginnen Sie mit der Wertschätzung heute. Dann hören Sie auf sich selbst, auf Ihr tiefstes Inneres: Sie werden feststellen, dass Sie nirgendwo Einsamkeit finden.

Kapitel 16

Um in einer Welt der Unsicherheit leben zu können: Frieden verkörpern

Heute, mehr als jemals zuvor, leben die Menschen in Unsicherheit. Mitten in der globalen Wirtschaftskrise und der Angst vor einem Klimawandel verschwimmt unsere Zukunftsvision für die Zukunft. Die Menschheit ist unruhig: Wie können wir in einer unsicheren Welt Sicherheit finden?

In der westlichen Gesellschaft habe ich gelernt, an den falschen Stellen nach Sicherheit zu suchen: Wir suchen sie außerhalb von uns selbst. Doch die Menschen und Dinge um uns herum werden es niemals schaffen, uns zu beruhigen. Die nagende Angst, dass sich alles innerhalb eines einzigen Moment ändern könnte, ist immer da, bis sich die Dinge zwangsläufig ändern. Solide Ehen werden wegen Untreue geschieden, zwanzig Jahre Karriere sind plötzlich wegen einer unerwarteten Veränderung in der Unternehmenspolitik zu Ende und das lebenslang Ersparte löst sich in den Händen eines korrupten Investors in Luft auf. Was Sicherheit anbelangt, hat die Außenwelt niemals ihre Versprechen gehalten, eine Realität, die wir oft lieber ignorieren.

Als Menschen tendieren wir dazu, uns auf unsere Unterschiede zu konzentrieren. Die Dinge, die uns von den Menschen um uns herum unterscheiden, die uns das Gefühl geben, überlegen oder unterlegen zu sein, stechen hervor. Aber die wirklich wichtigen Dinge im Leben sind allgemein gültig und stecken in jedem von uns. Das Grundlegendste und Kraftvollste, das wir alle teilen, ist unsere Fähigkeit, zu lieben.

Das Wesen der Liebe ist ein Geheimnis. Nicht, weil es unmöglich ist, sie zu entdecken, sondern weil es unmöglich ist, sie zu erklären. Die Liebe sprengt den Rahmen des Intellekts: Ein Becher kann auch niemals die Tiefen des Ozeans aufnehmen. Die Liebe zu erleben ist nicht nur möglich, sondern auch die natürlichste Sache der Welt. Ich rede nicht über die Liebe, die wir füreinander empfinden. Ich rede über die Liebe, die in allem steckt, die Energie, die unser Wesen ist. Sie manifestiert sich als sprichwörtliche, religiöse Erfahrung, als Frieden, der zur Vernunft führt, als Nirvana. Sie ist das einzige, was das menschliche Herz füllen kann. Das ist, was ich das Bewusstsein von Liebe nenne.

In einer Welt der zunehmenden Unsicherheiten hat jeder von uns die Verantwortung, einen Unterschied zu machen, indem er sich der Liebe bewusst wird und Frieden ausstrahlt. Wir können Krieg gegen Nationen führen, aber das wird die Dinge nicht ändern. Terrorismus kann nicht durch Kriege aufgehalten werden, wie

Der Himmel hat uns Menschen den freien Willen gegeben, die Macht der Wahl. Folglich ist es unmöglich, den Ausgang der Menschheit vorherzusagen, denn unsere Realität wird in jedem Moment neu definiert.

ein Feuer auch nicht mit einem weiteren Feuer gelöscht werden kann. Doch obwohl dies alles wohl wahr ist, ist es unsinnig, die Politiker oder den Krieg selbst anzuprangern. Wenn wir keinen inneren Frieden finden, wie können wir dann erwarten, eine Welt zu schaffen, die friedvoll und harmonisch ist? Unser eigener Geist ist angefüllt mit Verwirrung und dissonantem Geschwätz und ist daher die Quelle unserer Unsicherheit. Unsere Handlungen entspringen unseren Gedanken, unseren Gefühlen. Wenn wir voller Angst sind, wie können wir dann dazu beitragen, eine liebende Weltfamilie zu erschaffen?

Als Bill Clinton Nelson Mandela fragte, ob er Hass gegenüber seinen Unterdrückern empfinde, antwortete Mandela: "Sobald ich in diesem Auto war und durch das Tor fuhr, erkannte ich, dass wenn ich sie noch immer hassen würde, ich noch immer im Gefängnis wäre. Also ließ ich den Hass los, denn ich wollte frei sein."

Bei der Suche nach Frieden gibt es etwas sehr Konkretes, das wir alle leisten können. In jedem Moment können wir die Wahl treffen, in dem andauernden Frieden zu bleiben, der genau in diesem Moment in uns liegt und den uns niemand wegnehmen kann. Auf die gleiche Art, auf die wir gelernt haben, dass die Abhängigkeit von unserer Umgebung uns mit Angst erfüllt hat, können wir lernen, von unserem inneren Zustand abhängig zu sein und eine Sicherheit zu finden, die immer rein und unberührt ist, die kein terroristischer Anschlag trüben und keine Drohungen erschüttern kann. Lassen Sie uns unser persönliches Leben mit Frieden, Ehrlichkeit und Transparenz füllen. Das wird uns im Hinblick auf den Weltfrieden viel weiter bringen als jede Antikriegsdemonstration.

In unserer Gesellschaft reagieren wir im Allgemeinen auf Veränderungen, indem wir den Kopf in den Sand stecken. Wir versuchen, so zu tun, als wäre nichts. Wir werden unnachgiebig, suchen die illusorische Beständigkeit der Routine, damit wir uns sicher fühlen können und alles unter Kontrolle haben. Viele von uns verbringen ihr Leben damit, die Illusion eines stabilen Umfeldes zu schaffen: eine verlässliche Karriere, eine beständige Ehe, finanzielle Sicherheit. Doch obwohl das Streben nach materiellem Gewinn und vertrauenswürdigen Beziehungen eine wundervolle Sache ist, wenn wir unser eigenes Gefühl der Sicherheit diesen Dingen anvertrauen, legen wir uns selbst herein, denn wir bauen unser Haus auf ein schwaches Fundament. Selbst wenn wir ständig versuchen, es zu ignorieren, haben wir keine Kontrolle über dieses unberechenbare Leben und werden es auch niemals haben. Um wirkliche Stabilität zu finden, müssen wir uns erst mit der wankelmütigen Natur der Dinge abfinden, auf die wir uns verlassen. Wenn wir uns über die Unmöglichkeit einer externen Permanenz klar geworden sind, können wir damit beginnen, das Einzige zu pflegen, das uns wahre Sicherheit geben kann: innerer Friede.

Es war einmal ein König, der einen großen Wettstreit ausschrieb. Wer ein perfektes Bild vom Frieden malen könnte, bekäme einen prestigeträchtigen Titel, Land und

unvorstellbare Reichtümer. Jeder im Königreich fing mit
der Hoffnung, den Preis zu gewinnen, an zu malen —
selbst Menschen, die niemals zuvor etwas gemalt hatten.
Nach vielen Monaten des Nachdenkens wählte der König
zwei Gemälde aus, die er im Palast ausstellte, damit alle
sie sehen konnten.

Das erste Gemälde zeigte einen unberührten See, der
sich über die Leinwand zog und in seiner riesigen Ober-
fläche die schneebedeckten Berge hinter sich in perfekter
Klarheit spiegelte. Alle, die das Bild sahen, schnappten
vor Ehrfurcht nach Luft: Mit Sicherheit war das der Ge-
winner.

Das zweite Gemälde war ziemlich verwirrend. Es zeigte
einen ähnlichen See in den Fängen eines großen Sturms,
der Wind peitschte durch die Bäume, die Oberfläche des
Sees war ein bewegtes, wildes Chaos. Wo war der Friede
in diesem Bild? Alle waren sich darüber einig, dass das
erste Gemälde perfekt war — wie konnte dieses dagegen
konkurrieren? "Seht ein wenig genauer hin", sagte der
König als Antwort auf diese Fragen. "Am Ende des
Zweigs auf diesem Baum ist ein Vogel. Er sitzt, ganz still,
in absolutem Frieden."

Dieser Vogel repräsentiert wahre Sicherheit. Wenn wir im
Sturm des Lebens unsere Ruhe finden, dann haben wir den
wahren Frieden gefunden.

Lassen Sie uns die Veränderungen unserer Welt von einer
positiven Warte aus betrachten. Wir gehen jetzt in ein neues
Zeitalter, in eine Welt mit höheren Werten und Hoffnungen.
Wenn wir an dem hängen, was war, werden wir leiden. Das Alte
muss Platz machen für das Neue. Geburt und Tod sind die Natur
der Evolution.

Die Welt ist so herrlich unberechenbar! Immer wenn wir
denken, wir hätten schon alles in Schubladen gesteckt und kate-
gorisiert, geht Michelle Obama hin und umarmt die Queen! Regeln sind dazu gemacht, gebrochen zu werden und die Gesetze,
nach denen wir unser Leben oft ausrichten, können sich unter
den richtigen Umständen in einem Augenblick auflösen. In unserem Streben nach Selbstfindung müssen wir bereit sein, unse-

re Vorstellungen und Überzeugungen zu hinterfragen und unsere eigenen Meinungen über die Welt um uns herum anzuzweifeln, ja sogar unsere Meinung über das Leben selbst. Wenn wir angesichts von Veränderungen flexibel und anpassungsfähig bleiben können, können wir auch die neuen Möglichkeiten einer Welt freudig annehmen, die sich keiner von uns ganz vorstellen kann.

Krisen sind das, was Sie daraus machen. Sie können sie als einen Angriff auf Ihre Sicherheit betrachten oder sie als Werkzeug benutzen, um innere Stabilität zu finden. Manchmal werden aus unseren größten Verlusten unsere größten Chancen. Ob Sie sich in der Asche wälzen oder sich verwandelt aus ihr erheben, liegt daran, ob Sie die Situation dazu verwenden, zu wachsen.

DIE EVOLUTION DES BEWUSSTSEINS

Am Anfang suchen wir nach Antworten. Wir wohnen in Scheinwelten. Wir tun, was die Gesellschaft sagt, dass wir es tun sollten, oder andersherum, wir rebellieren und tun genau das Gegenteil. Wir gründen Familien und bauen Unternehmen auf, doch egal, was wir äußerlich erreichen, wir haben stets das Gefühl, es würde etwas fehlen. Für

Es gibt keine Trennung. Ich bin die Decke, der Boden, die Wand, die Tür. Es gibt nichts, was ich nicht bin.

einige kommt diese Nichtübereinstimmung wie ein ohrenbetäubender Schrei, bei anderen ist sie wie eine nagende Unruhe im Hinterkopf, aber das Gefühl ist das gleiche: Es muss mehr geben, es muss mehr geben. Das Herz sehnt sich nach etwas Größerem.

Zuerst versuchen wir, das Äußere zu ändern. Die einen versuchen es mit einer körperlichen Verwandlung, die anderen suchen die Veränderung im politischen Bereich, durch die Gesellschaft oder innerhalb der Familie - wir versuchen ständig, das Äußere zu reformieren. Wenn wir etwas unbequem finden, ob es nun der Bettler auf der Straße ist, der nervige Nachbar oder ein Exliebhaber, versuchen wir es wissentlich zu ignorieren oder es aus unserem Leben zu entfernen . . . aber es kommt immer wieder, wieder und wieder, und so versuchen wir wieder, es zu ändern. Wenn wir einen Streit haben oder etwas nicht mögen, was tun wir? Wir trennen uns von dieser Person oder dieser Sache. Wir trennen uns und trennen uns, bis wir an einen Punkt kommen, an dem wir feststellen, dass wir immer die gleichen Muster wiederholen. Der Grund dafür ist, dass alles Äußere ein Teil von uns ist. Schließlich erkennen wir, dass wir die Sache anders angehen müssen.

Stellen Sie sich vor, Sie wären ein Projektor und richteten Ihr Licht auf eine leere Wand. Dann stellen Sie sich vor, ein Dia wird in den Einschub gesteckt und ein Bild von gewaltsamen Konflikten erscheint. Bestürzt wenden Sie sich ab, um das Bild nicht ansehen zu müssen, doch das gleiche Bild taucht auch auf der neuen Oberfläche auf, die Sie jetzt ansehen. Sie zerlegen die Wand, doch das Bild erscheint immer noch auf der Wand dahinter. Sie rennen weg, doch Sie tragen das Bild mit sich und es wird überall reflektiert, wohin Sie auch gehen. Genauso sinnlos sind unsere Versuche, die Welt zu verändern. Wir werden niemals zufrieden sein können, bevor wir nicht nach innen gehen und das Dia wechseln.

Wie ich bereits erwähnt habe, verlor ich im Alter von 28 Jahren alles. Zu diesem Zeitpunkt dachte ich, das wäre das schlimmste Jahr meines Lebens gewesen, aber in Wahrheit war es mein bestes. Es war das größte Geschenk, das ich jemals erhalten konnte, denn es brachte mich dazu, mich selbst zu finden. Ich musste etwas finden, das sicher war und dieses Etwas war bedingungslose Liebe. Das ist, wer wir sind, es liegt in uns. Sobald wir anfangen, zu heilen, finden wir diesen Ort. Es ist nicht nur ein ruhiger, friedvoller Ort, wo wir Freude spüren können, sondern auch der Ort, an dem es alle Antworten gibt. Er kennt die Wahrheit, spricht von Allwissenheit und wenn Sie sich mit diesem Ort zu verbinden beginnen, diesem Ort der Einheit, dann entdecken Sie sich selbst, Ihr wahres Wesen. Danach sehnt sich Ihr Herz.

Heutzutage bewegt sich das Leben in einem immer schneller werdenden Takt. Da sich unsere Kapazitäten, zu kommunizieren und zu konsumieren, beschleunigen, beschleunigt sich auch die kollektive Suche der Menschheit. Die Angriffe der Unterhaltung, Werbung und Ablenkung kommen so schnell und so heftig, dass wir letztlich unsere Versuche aufgeben, Trost zu finden. Wir müssen in uns gehen und finden, wonach wir wirklich suchen: das Bewusstsein von Liebe zu erleben, die unbegrenzte Energie, die uns mit der Gesamtheit verbindet. Wir haben angefangen, Schöpfer zu werden und übernehmen die volle Verantwortung für unser Leben, anstatt ständig den Äußerlichkeiten die Schuld zu geben. Der Weg, wie wir das tun, ist der, zu heilen und zurück zu unserer wahren Natur zu kommen. Sie ist Leere, die in Liebe schwingt. Sie ist Fülle, die in Liebe schwingt.

Es ist nicht wichtig, die Zukunft zu verändern. Wichtig ist nur, welche Wahl wir in diesem Augenblick treffen. Stellen Sie sich diese Fragen: Wähle ich die Liebe? Wähle ich, verantwortlich zu sein? *Wähle ich, mein Leben zu ändern? Schütte ich bedingungslose Liebe über alles aus und vertraue ich darauf? Wenn ich äußerliche Unsicherheiten sehe, bin ich dann innerlich unsicher? Entwickle ich mich weiter oder isoliere ich mich in immer mehr Angst?*

Niemand kann Ihnen Stabilität geben - das müssen Sie selbst tun.

Wenn Sie in sich gehen, können Sie dort Antworten finden, Ihre Antworten. Nicht meine Antworten — die sind nicht wichtig. Es handelt sich hierbei nicht um eine Philosophie oder ein Glaubenssystem. Es geht darum, Ihren innerlichen Guru zu finden und dazu braucht es Verantwortung. Wir wollen immer jemanden, der uns in Ordnung bringt, aber niemand kann das. Sie können sich nicht einfach zu einem Mechaniker bringen, der Sie repariert wie ein Auto. Sie müssen in Ihre Tiefen gehen, aber das ist das Wunder der Selbsterforschung. Es ist das Aufregendste, was es gibt — das einzige Land, das noch unentdeckt geblieben ist. Wenn Sie anfangen, sich selbst zu entdecken, werden Sie erstaunt sein, wie unglaublich Sie sind, wie mutig Sie waren und welche Entscheidungen Sie getroffen haben.

Es war einmal ein mächtiger Zauberer, der von einer Maus besucht wurde. "Oh, großer Zauberer", quiekte die Maus, "mir graut vor Katzen! Sie jagen mich überall. Ich habe nicht eine Sekunde lang Ruhe vor ihnen. Bitte hilf mir." Mit einer riesigen Rauchwolke verwandelte der Zauberer die Maus in eine Katze. Eine Woche später kam die Katze wieder. "Oh, großer Zauberer, ich bin am Ende! Die Katzen kümmern mich nicht mehr, worüber ich auch sehr dankbar bin, aber haben Sie eine Vorstellung davon, wie viele Hunde es in meiner Nachbarschaft gibt?!" Mit einer riesigen Rauchwolke verwandelte der Zauberer die Katze in einen Hund. Eine Woche später kam der Hund wieder. "Großer Zauberer, die Hunde machen mir keine Bauchschmerzen mehr, aber ich habe ganz schreckliche Geschichten über Tiger gehört, die in das Dorf kommen sollen. Sie essen am liebsten Hunde!" Mit einem müden Lächeln verwandelte der Zauberer den Hund in einen Tiger. Eine Woche später kam der Tiger erneut zum Zauberer. "Oh, großer Zauberer, Sie haben keine Vorstellung davon, wie viele Jäger es im Dschungel gibt —"

Bevor der Tiger ausreden konnte, antwortete der Zauberer: "Es ist völlig gleichgültig, in was ich dich verwandle, denn du hast noch immer das Herz einer Maus."

Wir können unsere äußeren Umstände so viel verändern wie wir wollen, doch bevor wir nicht nach innen gehen und die Wurzel unserer Unsicherheit heilen, werden wir immer ein Opfer der Angst sein.

BEDINGUNGSLOSER FRIEDE

Friede — ein Wort, das die Menschheit vereint in ihrem gemeinsamen Wunsch nach Einheit. Selbst diejenigen, die kämpfen, kämpfen für den Frieden. Die meisten von uns denken an Frieden auf diese Art und Weise: Da ist etwas falsch mit dieser Welt. Wir müssen einen Zustand (des Friedens) erreichen, um sie wieder in Ordnung zu bringen.

Ist Ihnen schon einmal aufgefallen, dass die Leute normalerweise schreien, wenn sie um Frieden bitten?

Ich möchte in Frieden gelassen werden!

Lass mich in Frieden!

Sei leise! Ich will meinen Frieden!!!

Wir Menschen sagen ständig, wir wollen in Frieden gelassen werden, doch schon in der nächsten Minute kämpfen wir für Gerechtigkeit, kämpfen um unser Recht. Was ist denn nun am Wichtigsten — Frieden zu finden oder Recht zu haben? Wenn wir an unserer Sicht der Dinge hängen, kann sie für uns wichtiger als alles andere werden. Dieses Bedürfnis, Recht zu haben, löst Konflikte aus, denn es bedeutet oft, dass ein anderer Unrecht hat.

Wo in Ihrem Leben kämpfen Sie? An welcher Stelle wurde Ihre Meinung wichtiger als Friede und Harmonie?

Wenn Sie von dieser Welt enttäuscht sind und sich eine friedlichere Menschheit wünschen, trägt Ihre Unzufriedenheit in diesem Moment nicht zum Frieden bei.

Friede ist Stille mitten in der Hauptverkehrszeit,

Friede ist innere Akzeptanz,

Friede ist Hingabe: Hingabe an das, was ist, der Verzicht auf den Kampf und das Bedürfnis, Recht zu behalten,

Friede ist die unschuldige Freude am Sein,

die Freude der Existenz,

das Bewusstsein der Vollkommenheit.

Ja, wir hoffen alle auf eine konfliktfreie Welt, aber darauf zu warten, dass die Welt sich ändert, macht die Sache nicht besser. Ändern Sie sich selbst, dann werden Sie den tiefsten und wirkungsvollsten Weg einschlagen, um zur Erschaffung eines friedlichen Planeten beizutragen.

Dies ist die Zeit und der Ort. Es ist die einzig existierende Zeit und der einzig existierende Ort, denn sowohl die Zeit als auch der Raum sind eine Illusion. In der Einigkeit des Bewusstseins von Liebe gibt es keinen Abstand, geschieht nichts, sind keine Veränderungen messbar. Dort ist nur. Alles andere ist eine Lüge. Wenn Sie gegenwärtig mit sich selbst sind, sind Sie im Frieden. Sie sind eins mit dem, was ist. Sie synchronisieren Ihre

Bedenken mit dem Leben und nehmen Ihre Realität freudig an. Das ist Kraft, das ist Leben. Alles andere ist nur Ablenkung. Sie können Ihre Energie innerhalb eines Augenblicks ändern, indem Sie sich völlig gegenwärtig sind.

Sicher, das haben Sie vielleicht schon früher einmal gehört. Aber Sie haben es noch nicht oft genug gehört, solange es nicht zu Ihrer Realität wurde. Sie haben es noch nicht oft genug gehört, bevor Sie nicht jeden Moment dazu verwenden, völlig gegenwärtig zu sein, und sich mit Ihrem wahren Ich wiedervereinigt haben. Ich habe den Weg gefunden, das zu tun. Für mich hat er funktioniert, er hat für viele funktioniert und er kann auch für Sie funktionieren.

DEN KURS HALTEN

Wenn wir damit beginnen, unser Bewusstsein zu erweitern, fängt seine Stimme an, die Schwankungen des Intellekts zu überschatten. Der Geist kann nur innerhalb der Beschränkungen der Dualität wahrnehmen, deshalb wird der Geist zweitrangig, sobald wir in Einigkeit leben. Sobald die Stimme des Herzens übernimmt, hat der Geist nicht mehr die Oberhand. Das erschreckt den Geist, der merkt, wie ihm die Kontrolle entgleitet, daher versucht er, die Stimme des Bewusstseins von Liebe zu unterdrücken.

Wenn Sie keine Freude fühlen, ist es kein Bewusstsein von Liebe.

Was passiert, wenn der Geist die Kontrolle abgibt? Sie fangen an, gegenwärtig zu sein, verankert in sich selbst und vertrauen auf das, was kommt, während Sie an einem Platz des Friedens und der Freude sitzen. Dann wird Ihr Geist zu Ihrem Bediensteten, anstatt dass Sie ihn und seine Dualitäten und Zweifel bedienen. Das macht dem Intellekt Angst und er gerät außer sich, sobald Sie sich diesem Punkt nähern. In seinem letzten, verzweifelten Bemühen um die Vorherrschaft wird er alles versuchen, um Sie zu manipulieren und an einem Ort der Angst zu halten.

In diesen Momenten müssen Sie sich nur daran erinnern: *Wenn Sie keine Freude fühlen, ist es kein Bewusstsein von Lie-*

be. Es ist leicht, Ihnen den Unterschied zu erklären. Wenn Sie Verwirrung, Angst, Gier oder Unsicherheit empfinden, stecken Sie im Intellekt fest. Sobald Sie diese Gefühle bemerken, halten Sie inne und fragen Sie sich, worauf Sie sich konzentrieren wollen, auf Angst oder auf Liebe? Die Antwort auf diese Frage ist einfach und sie ist immer die gleiche: Wählen Sie immer die Liebe.

Die Lehrsätze des Isha-Systems sind der perfekte Weg, um den Geist darauf zu trainieren, automatisch die Fülle des Bewusstseins von Liebe auszuwählen (siehe Anhang 1).

So EINFACH IST WAHRE SPIRITUALITÄT

Die sogenannte geistige Welt ist voller Ablenkungen in Form von Insignien, Traditionen und Bräuchen. Folglich erscheint Spiritualität oft komplex und verwirrend, während sie in Wirklichkeit genau das Gegenteil ist. Von der astrologischen Analyse bis zu den Untersuchungen in verschiedenen Fachgebieten, die sich darum sorgen, welche Kleiderfarbe wir tragen, in welche Richtung unser Haus zeigt, wie unsere Haare geschnitten werden und ob wir "heiligen Boden" bereisen müssen, legen wir mehr Wert auf die äußeren Umstände als auf das, was wir im Inneren erleben. Bis wir fertig damit sind, zu überprüfen, ob alle unsere Bedingungen erfüllt sind, haben wir bereits die Möglichkeiten verloren, die Freude und Schönheit des Lebens zu finden, die jeder Tag bringt. Einfachheit ist das Markenzeichen der authentischen Spiritualität, denn das Leben ist einfach, Liebe ist einfach, und Komplexität ist nichts anderes als Futter für den Intellekt.

Es erstaunt mich, wie viel Bedeutung wir der Tradition geben. Wir denken, wenn Generationen vor uns etwas immer auf eine bestimmte Art und Weise taten, sei dieses Verhalten irgendwie wertvoller, heiliger, gerechter. Dabei müssen wir uns nur unser eigenes, persönliches Leben ansehen, um zu bemerken, dass sich wiederholende Verhaltensweisen nicht zwangsläufig von Vorteil sind. Würden wir uns wegen der Vorzüge des Zigarettenrauchens streiten, nur weil wir jahrelang geraucht haben? Es ist so üblich! Dieses blinde Verfolgen von Bräuchen und Sitten fasziniert mich besonders, wenn es um Spiritualität geht.

Viele von uns wählen ihren Glauben aufgrund dessen, was Generationen zuvor geglaubt haben. Dabei geht es bei Spiritualität um Wachstum, um Entwicklung. Es geht darum, das loszulassen, was war und eine neue Wahrnehmung der Realität zu umarmen. Mehr noch, es geht um die Entdeckung der Wahrheit in uns selbst, nicht darum, den Status quo beizubehalten. Vielleicht ist das der Grund, warum so wenige Erkenntnis erreicht haben — weil wir selbst bei unserer Suche nach Bedeutung vorziehen, der Herde zu folgen, selbst wenn das Herz angefangen hat, Dinge infrage zu stellen, an die wir gewöhnt sind, werden wir leicht auf einen anderen ausgetretenen Pfad gezogen. Ich glaube, dass uns Traditionen ein Gefühl von Sicherheit geben; sie verleihen unseren Überzeugungen Wert und Gewicht. Aber Überzeugungen sind ein schaler Ersatz für Erfahrungen. Sobald Sie selbst eine spirituelle Erfahrung machen, werden Sie wenig Anlass dafür haben, andere von Ihrer Perspektive zu überzeugen oder die Gültigkeit Ihrer inneren Entdeckung zu demonstrieren.

Wenn Sie die Spiritualität erforschen, suchen Sie nicht nach dem, was Ihnen bequem oder sicher vorkommt. Schauen Sie über den Tellerrand hinaus und steuern Sie in Richtung Unsicherheit. Nur indem wir über das hinaus gehen, was wir bereits kennen, können wir wahre Entdeckungen machen.

Das Ende der Suche

Vor einigen Jahren wurde ich von der Herausgeberin eines spirituellen Magazins interviewt. Sie war mit Sicherheit ein sehr spiritueller Mensch und sie hatte viele Jahre ihres Lebens ihrer Suche gewidmet. Wir beide genossen das Interview sehr.

Plötzlich passierte etwas Merkwürdiges. Sie fragte mich, nach was ich suche. Ich antwortete ihr, dass meine Suche zu Ende wäre, dass ich gefunden hätte, was ich suchte.

Sie war geschockt! Sie konnte den Gedanken nicht ertragen, dass die Suche ein Ende haben könnte. Sie war darüber so aufgebracht, dass sie fast augenblicklich das Interview beendete und es auch niemals veröffentlichte. Zunächst konnte ich überhaupt nicht verstehen, was geschehen war, dass das so positive Interview so abrupt verändert hatte. Danach wurde mir klar: Sie war süchtig danach, zu suchen. Die Vorstellung, ihre Suche zu beenden, tatsächlich zu finden, wonach sie suchte, machte ihr Angst, denn sie hatte sich so sehr mit der Rolle der Suchenden identifiziert. Sie dachte, das wäre, was sie sei. Wenn sie aufhören würde, zu suchen, würde sie aufhören, zu existieren.

Das gilt für uns alle: Wovor wir am meisten Angst haben, ist die Stille des Bewusstseins von Liebe. Wir können nicht verstehen, was es bedeuten würde, die Suche zu beenden, dabei würde es in Wirklichkeit lediglich bedeuten, einfach in diesem Moment zu sein, ad infinitum. Aber die meisten von uns haben bereits gelernt, das wir nicht länger als ein paar Sekunden in der Gegenwart bleiben könne. Unser Geist hält uns mit seiner Arbeit abgelenkt, damit wir nicht mit der Wahrheit konfrontiert werden können.

Was ich Ihnen vorschlage, bedeutet das Ende der Suche. Die Suche lässt uns ständig Ausschau halten, hin zum Horizont zu einer imaginären, idealen Zukunft. Diese Suche wird niemals enden — bis wir unsere Augen nicht mehr in die Ferne, sondern sie auf das Jetzt richten. Wenn wir das tun, erwachen wir, und dieses Erwachen ist das Ende. Es ist das Ende des Leidens, das Ende des Rennens, das Ende des Versteckens. Es ist eine Art Tod: der Tod des illusorischen Selbst, der Tod der Angst. Es geht darum, zu beseitigen, zu verbrennen, was nicht mehr dienlich ist und frei aus der Asche in die unbegrenzte Weite des reinen Seins auf zu steigen, im allgegenwärtigen, allwissenden Bewusstsein, alles umfassend, alles akzeptierend.

Nachdem ich die Vollendung erfahren habe, was bleibt dann noch zu tun? Nur noch zu geben. So entstehen Lehrer aus dem Erwachen. Das Ziel wahrer Lehrer ist nicht, zu lehren, sie streben an, sich zu verwirklichen. Dann, aus dieser Verwirklichung heraus, fließt der Unterricht spontan, wie Wasser aus einer Quelle. Das macht keine Mühe, denn es ist das Wesen der Liebe, zu teilen, der einzige Wunsch des Herzens, anderen Herzen bei ihrem Erwachen zu dienen.

Das Ende ist der Anfang, und jetzt, wo ich leer bin, bin ich endlich voll.

In Liebe Isha

Anhang 1

Das Isha System

Das Isha System revolutioniert die Spiritualität in der ganzen Welt. Seine Lehren sind praktisch und leicht in den Alltag integrieren, aber sie erzeugen eine tiefe innere Wandlung, bringen uns wieder an einen Ort der Selbstliebe und entriegeln die Tür zur Erleuchtung.

Das System wird vollumfänglich in dem Buch und Film *"Warum gehen, wenn Sie fliegen können?"* erklärt. Es kann von jedem leicht gelernt und praktiziert werden, unabhängig von Alter, Religion oder Konditionierung.

Einer der Eckpfeiler des Isha Systems ist, die Isha-Lehrsätze zu üben. Diese vier Lehrsätze sind kurze Aussagen über ewige Wahrheiten, die wir wiederholen, im Idealfall jeden Tag eine Stunde lang mit geschlossenen Augen. Viele Menschen bemerken ihre erhebende, transformierende Wirkung sofort, für andere ergeben sich diese Vorteile erst nach ein paar Tagen oder Wochen Übung. Die Lehrsätze sind wie folgt:

Lobt die Liebe für diesen Moment in seiner Vollkommenheit.

Wenn Sie diesen Lehrsatz denken, richten Sie Ihre Aufmerksamkeit tief in Ihr Herz.

Dankt der Liebe für meine menschliche Erfahrung in ihrer Vollkommenheit.

Wenn Sie diesen Lehrsatz denken, richten Sie Ihre Aufmerksamkeit tief in Ihr Herz.

Die Liebe gestaltet mich in meiner Vollkommenheit.

Wenn Sie diesen Lehrsatz denken, richten Sie Ihre Aufmerksamkeit tief in Ihr Herz.

Om Einheit

Wenn Sie diesen Lehrsatz denken, richten Sie Ihre Aufmerksamkeit von der Basis Ihrer Wirbelsäule zur höchsten Stelle Ihres Kopfes.

Es ist wichtig, die Lehrsätze nicht zu verändern. Ihr Wortlaut ist sehr spezifisch und die Lehrsätze sind am wirkungsvollsten, wenn sie wie oben beschrieben durchgeführt werden. Diese Lehrsätze sind so gestaltet, dass sie uns jenseits unseres Intellekt ergreifen, daher ist die Meinung des Intellekts, die Lehrsätze könnten geändert oder "verbessert" werden, nicht der beste Ratschlag!

WIE SIE ÜBEN SOLLTEN

Setzen Sie sich bequem hin oder legen Sie sich nieder und schließen Sie Ihre Augen. Denken Sie sacht den Lehrsatz und richten Sie Ihre Aufmerksamkeit so aus, wie es angegeben ist. Dann warten Sie einige Sekunden und erlauben Sie Ihren Gedanken, ganz natürlich zu kommen und zu gehen. Versuchen Sie nicht, Gedanken zu vermeiden oder den Geist zum Schweigen zu bringen, nehmen Sie einfach freudig an, was immer auch kommt. Dann denken Sie wieder den Lehrsatz und richten Sie Ihre Aufmerksamkeit entsprechend aus und warten Sie wieder einen Moment. Manchmal wird die Pause zwischen den Wiederholungen ganz kurz sein, manchmal ziemlich lang. Manchmal werden Sie vergessen, Ihren Lehrsatz zu denken und abschweifen. Wenn Sie bemerken, dass dies passiert ist, dann denken Sie einfach den Lehrsatz noch einmal. Sie müssen das nicht kontrollieren oder sich anstrengen: Die Übungen mit den Lehrsätzen sollten immer leicht und natürlich ablaufen.

DER RICHTIGE ZEITPUNKT

Sie können die Stunde Ihrer täglichen Übungszeit in zwei halbstündige Sitzungen aufteilen oder in drei Sitzungen von je zwanzig Minuten. Nutzen Sie in jeder Sitzung die Lehrsätze für gleich lange Zeiträume. Zum Beispiel sollte eine zwanzigminütige Sitzung mit fünf Minuten des ersten Lehrsatzes beginnen und dann mit fünf Minuten des zweiten Lehrsatzes weitergehen, dann mit fünf Minuten des dritten und schließlich mit fünf Minuten des vierten. Sie können die Zeit überprüfen, indem Sie auf Ihre Uhr schauen, aber es muss nicht ganz genau sein. Erinnern Sie sich daran, dass die Übung leicht sein soll, also machen Sie sich keine Gedanken, wie Sie den Zeitrahmen starr einhalten können. Wenn Sie dabei einschlafen, ist das in Ordnung, aber sie können versuchen, das nächste Mal im Sitzen zu üben, wenn Sie feststellen, dass Sie sonst nicht wach bleiben können.

Die wirkungsvollste Möglichkeit, die Lehrsätze in Ihr Bewusstsein zu integrieren und ein tieferes Verständnis für das Isha System als Ganzes zu gewinnen, ist, an einem Isha System Seminar teilzunehmen. Unter www.ishajudd.com finden Sie ausführliche Informationen über kommende Veranstaltungen und Selbsthilfegruppen überall auf der Welt.

Anhang 2

"La I" Mexiko & "La I" Uruguay:
Spas für das Bewusstsein

Isha hat zwei wunderschöne Zentren zum Ausbau des Bewusstseins von Liebe gegründet, das "La I" in Uruguay und das "La I" in Mexiko. Ein Besuch eines dieser Zentren ist eine Chance, in das Erlebnis des Bewusstseins von Liebe einzutauchen und es zu vertiefen. Während Ihres Aufenthaltes versorgen wir Sie mit allem, was Sie brauchen, um den vollen Nutzen aus Ihrem Prozess des Wachstums zu schöpfen, einschließlich einer 24-Stunden-Betreuung durch persönlich von Isha geschulte Lehrer.

Ishas "La I" Zentren bieten ein neues Urlaubskonzept. Bei einem Besuch eines "La I" geht es nicht darum, dem Leben zu entkommen oder "mal aus allem rauszukommen", sondern es geht darum, zurück zu Ihrem Herzen zu kommen. Ein Urlaub in einem "La I" ist eine Reise zurück nach innen. Es ist das ultimative Abenteuer — in Ihr Sein, in Ihr Wesen. Wir laden Sie ein, zu uns zu kommen, Ihre inneren Tiefen zu erforschen und eine perfekte Urlaubsromanze mit dem besten Freund zu haben, den Sie jemals finden können . . . sich selbst.

Für weitere Informationen und für Reservierungen kontaktieren Sie bitte:

In den USA: (305) 390 2709
In Mexiko: (+52) 314 3341414
In Uruguay: (+598) 437 36994
reservations@ishajudd.com   www.ishajudd.com

Friedrich Scholz

Die Spielregeln des Lebens

12 Gesetze, die unser Schicksal lenken

168 S, Tb, € 14,90

ISBN 978-3-941435-16-2

Jürgen Majewski

Die Welt im Wandel

12 Schlüssel für einen Bewusstseinssprung

162 S. Tb, € 14,90

ISB N 978-3-941435-03-2

Duane Elgin

Das Lebende Universum

Woher wir kommen. Wohin wir gehen

248 S., Tb, € 18,50

ISB N 978-3-941435-04-9

Peter Beck

Gespräche mit Franz von Assisi

Über die Liebe und das Leben im 21. Jahrhundert

240 S. Tb, € 14,00

ISBN 978-3-941435-11-7

S. 12 unser wahres Wesen!!

§ 12/13 Leer werden

14 Konzentration auf die Freude!!

16/17 Liebe ist wichtiger als Recht haben!

18 wissen jenseits d. Verstandes!
Nicht über das warum grübeln!!

19 Den Fokus auf Freude u. Wertschätzung legen!

22. Einfach nur sein!!

26 Das, worauf ich meine Aufmerksamkeit richte!!

27. Konzentration auf das, was ich geben kann
und was förderlich im Leben ist!!!